AF276875

DISEÑA
EXPERIENCIAS
QUE ENAMORAN

Crea momentos inolvidables
para tus clientes o tu audiencia

JESÚS ALCOBA

KOLIMA
BOOKS

Título original: *Diseña experiencias que enamoran.*
Crea momentos inolvidables para tus clientes o tu audiencia.

Primera edición: Mayo 2024
©Jesús Alcoba c/o Thinking Heads
www.editorialkolima.com

Autor: Jesús Alcoba
Ilustraciones: Antonia Iftene
Dirección editorial: Marta Prieto Asirón
Maquetación de cubierta: David Visea
Maquetación: Carolina Hernández Alarcón

ISBN: 978-84-10209-10-7
Depósito legal: M-9595-2024
Impreso en España

No se permite la reproducción total o parcial de esta obra, ni su incorpora-ción a un sistema informático, ni su transmisión en cualquier forma o por cualquier medio, sea este electrónico, mecánico, por fotocopia, por grabación u otros métodos, el alquiler o cualquier otra forma de cesión de la obra sin la autorización previa y por escrito de los titulares de propiedad intelectual.

Cualquier forma de reproducción, distribución, comunicación pública o transformación de esta obra solo puede ser realizada con la autorización de sus titulares, salvo excepción prevista por la ley. Diríjase a CEDRO (Centro Español de Derechos Reprográficos) si necesita fotocopiar o escanear algún fragmento de esta obra (www.conlicencia.com; 91 702 19 70 / 93 272 04 45).

A Daniel, a Marta y a Maxi,
por aquellos instantes
que multiplicaron mis instantes

ÍNDICE

TESTIMONIOS

«Este libro es un viaje lleno de verdad. A través de historias que marcan, Jesús Alcoba nos transporta al mundo del diseño de experiencias de una manera directa, especial, auténtica y emocionante. Casi cósmica».

Adela Balderas. Directora del Máster en Innovación
y Gestión de Restaurantes. Basque Culinary Center

«Jesús Alcoba siempre va más allá. Leerle es transitar por caminos no asfaltados. Hoy en día todo el mundo habla de experiencia de cliente, pero es él quien nos invita a no conformarnos con fórmulas convencionales. A lo largo de este libro nos empuja de manera especialmente práctica a aprender a diseñar por nosotros mismos siguiendo una guía tan de sentido común como rigurosa en su metodología».

David Barroeta. Director del Programa de
Experiencia de Empleado La Salle-DEC

«Píldoras de sabiduría. Aprendes a entrar en la cabeza y en el corazón del cliente».

María Chiara
Participante en el Taller de Diseño de Experiencias

«Jesús Alcoba combina magistralmente su profundo conocimiento, su capacidad como investigador, y sus grandes dotes de escritor, proporcionando una guía única para el diseño de experiencias memorables. Su narrativa envolvente y su mensaje estructurado y claro sin duda inspirarán a neófitos y expertos en la materia. Es el libro que a mí me hubiera gustado saber escribir».

Jorge Martínez-Arroyo. Fundador de la Asociación para el
Desarrollo de la Experiencia de Cliente

«Cuando lees esta obra aprendes que es un libro de conciencia completa. Es una experiencia en sí misma y se resume en una sola frase: «si las marcas de verdad se empeñaran en conocer a su cliente y acompañarlo en su camino, contribuirían a humanizar el mundo». «Soy» muy de Jesús Alcoba.

José Serrano
CEO de IZO España

«Por fin un libro que aborda el corazón de la experiencia de cliente, lo que la hace verdaderamente latir, que es el diseño. Eso sí, un diseño alejado de convencionalismos y recetas fáciles. Una obra que rompe los esquemas de una disciplina joven y aborda una reflexión inédita sobre el diseño de experiencias».

Malena Casanueva
Directora de Posgrado, La Salle Campus Madrid

«Inspirador. Verdaderamente revelador».

Juanma Ceba
Participante en el Taller de Diseño de Experiencias

«Con un cuidado equilibrio entre rigor, sentido del humor y la sólida base del que comparte lo que vive con pasión, esta propuesta salta de la estantería de los teóricos a la arena de los atrevidos, invitando a movilizar mentes y espíritus para crear entornos de consumo más humanos».

Nati Rodríguez
General Manager XPLANE Spain & LATAM

«Un taller memorable, una experiencia transformadora».

Andrés Carrillo
Participante en el Taller de Diseño de Experiencias

Desde hace años dirijo un taller práctico de Diseño de experiencias.

En todas las ediciones de esta actividad, sin excepciones, ha ocurrido que, de repente, se enciende una luz.

A partir de ese instante todo se acelera.

Los participantes empiezan entonces a ver sus creaciones como entidades con identidad propia y, sobre todo, comienzan a hablar de ellas con una ilusión fresca e inédita, a borbotones, como si fueran reales.

Sus diseños provocan una adhesión y un compromiso que rara vez se ven en las organizaciones.

La luz, una vez más, ha logrado que todo cobre vida, disolviendo cualquier incertidumbre sobre cómo los equipos pueden crear momentos inolvidables que pasman, conmueven y hechizan.

Este libro trata de esa luz.

Aclaración terminológica

A lo largo del texto, salvo indicación en contrario, la palabra «marca» hace referencia a empresas, instituciones y todo tipo de entidades, públicas o privadas, que crean valor para las personas, ya estén estas dentro o fuera de la organización. A efectos de este libro, por tanto, una marca es una *start-up* de ropa deportiva y también un hospital.

De igual modo, «cliente» hace referencia a clientes, pacientes, huéspedes, estudiantes, comensales, ciudadanos y todo tipo de personas que entregan algo a una marca para obtener el valor que esta fábrica. Un cliente, por tanto, es una persona que entra en un banco para pedir una hipoteca y también otra que pide ayuda psicológica para su hijo con hiperactividad.

DISEÑA
EXPERIENCIAS
QUE ENAMORAN

1. ENAMORARSE

Quizá te resulte incómodo empezar hablando del amor. O pienses que este es uno de esos libros ñoños en los que todo son delicadezas y buenismos. Nada que ver. No pretendo que nos abracemos, ni que unamos nuestras manos cantando el Kumbayá, ni que nos demos besos en la boca. Lo que ocurre es que el subtítulo dice «diseña experiencias que enamoran». Y si aparece la palabra «enamoran» tendremos que hablar del amor.

¿No te parece?

Venga, va. Que seguro que te ha pasado alguna vez. O a lo mejor tienes la suerte de que te esté pasando ahora. ¿Qué ocurre cuando uno se enamora? Pues lo primero que pasa es que se saca tiempo de donde no lo hay para estar con esa persona. Por eso los mejores gestores de tiempo del mundo son las personas enamoradas. Y si están casadas o emparejadas y el objeto de su amor no es la persona con la que conviven, ni te cuento. Pero ese es otro tema.

Lo interesante del caso es que esos malabarismos de agenda se producen porque se desencadena un pico emocional tremendo (tanto que nadie aguantaría experimentarlo durante toda la vida). Es decir, aunque resulte obvio, una de las características del enamoramiento es la aparición de un tipo de emoción a la que nos hacemos adictos. Y que nos hace regresar una y otra vez a la persona que nos hace sentir así. Sin descanso. Y de ahí que saquemos tiempo de donde no lo hay.

Por cierto, imagina ahora que esto le pasara a tu marca, corporativa o personal: que tus clientes se volvieran locos por ella. Adictos a la sensación que les produce. Se convertiría en la más rentable del mundo, ¿verdad? Pues eso.

Una experiencia que enamora, por tanto, debería ser capaz de emocionar. Y aunque esto se ha repetido hasta la saciedad, se sigue sin considerar de manera suficiente que la emoción no solo es un elemento de diseño, sino que debe ser el primero. El más importante. Es decir, puestos a crear una experiencia para quien sea, lo primero, primerísimo, es qué emoción queremos accionar o activar en esa persona.

Esto es muy relevante por dos motivos:

- No todas las experiencias deberían estar basadas en la misma emoción. Al comienzo del movimiento de experiencia de cliente se hablaba mucho de la sorpresa. De que había que sorprender al cliente. Pero esto no es verdad. Imagina que pides una hipoteca a un banco y te la deniega. Vaya sorpresa, ¿verdad? Si un banco intenta sorprender siempre al cliente se llegará a situaciones tan absurdas como esa: querer sorprender cuando lo que se está haciendo es disgustar. Uno de los motivos por los cuales a veces el diseño de experiencias no proporciona los resultados que debiera es por esa falta de amplitud en el catálogo emocional de una organización. Supongo que la idea del llamado factor *wow* contribuyó a hacer pensar que la emoción a desplegar era una y única, la sorpresa, pero esto es un error de base. Y otro, por cierto, es la cantinela de que el diseño de experiencias va orientado a superar las expectativas del cliente. Porque ese asunto llevamos escuchándolo desde la cultura de la calidad en el siglo pasado. Y ya es hora de ir cambiándolo.

• El segundo motivo para estar seguros de qué emoción (en concreto) queremos activar en cada momento es que, si no tomamos una decisión sobre ello, nos iremos al extremo contrario. Es decir, cada experiencia despertará una distinta y la huella que iremos dejando, sumando todas las interacciones, será tan variada y caótica que perderemos identidad. Las marcas se diferencian cuando cada una escoge un puñado diferente de emociones que quiere transmitir. Unas y no otras. Es una cuestión de estrategia. De manera consecuente, los clientes se vinculan a unas marcas o a otras dependiendo de esas emociones, de la misma manera que nos enamoramos de unas personas y no de otras. Fácil, ¿verdad? Más adelante veremos cómo se hace esto.

Si quieres tener una idea aproximada de lo difícil que es generar una emoción en otra persona es bueno que regreses con la mente a tu adolescencia, cuando querías gustar a alguien. No lo hacías contándole tus virtudes, ni los beneficios de estar contigo, y mucho menos a través de un *slogan* que le repetías hasta la saciedad.

Y sin embargo esto es lo que muchas marcas siguen haciendo para enamorar a sus potenciales clientes: les hablan de las características de sus productos o servicios, en el mejor de los casos de los beneficios asociados a ellos y, por supuesto, les disparan sin piedad sus frasecitas publicitarias esperando que piquen.

Piénsalo: ¿cómo se hace para que una persona se enamore de ti? Pues actuando. Haciendo cosas. Haciendo que esa persona viva experiencias que la vinculen a ti.

Cliente aplastado por la retórica publicitaria de Marca Gris.

Pero, por favor, si sale en todas las películas: cuando una persona dice que casualmente tiene dos entradas para un espectáculo que la otra adora, o cuando le habla de un restaurante monísimo en el que comer es un acto sublime, o le descubre un bar de monólogos del que saldrá con agujetas en la tripa de la risa, lo que está haciendo es justo eso: provocar una experiencia que conduzca a un vínculo mayor. Estarás pensando que muchas veces quien recibe estas propuestas ya tiene un interés previo. Pero resulta lo mismo para los clientes y las marcas. Hay un coqueteo previo y luego ¡zas!, la marca se la juega en la primera experiencia en la que el cliente participa. Por eso muchas experiencias se suelen llamar momentos de la verdad.

En resumen: una de las primeras ideas que hay que entender sobre el diseño de experiencias es que se trata de desplegar acciones sobre las personas para activar determinadas emociones en ellas.

Vamos con la otra: cuando se inicia una relación amorosa, al mismo tiempo, se da comienzo a un relato común. Este es quizá un concepto un poco menos evidente, pero queda más claro si reflexionamos sobre el término «historia de amor». La palabra historia quiere decir precisamente eso: relato. Forman parte de esas narraciones episodios del tipo «cómo nos conocimos», «aquel día en que estabas borracho y me pediste salir», «el día de nuestra boda», «cuando nació nuestro primer hijo», y así hasta el infinito.

Las relaciones amorosas tejen narrativas comunes en las que ambos miembros son protagonistas. Tanto es así que, en casi todas las historias de amor, surgen vocablos propios. Es decir, palabras que ambos miembros de la pareja solo usan el uno con el otro. Por ejemplo «mi vida» o «amor mío» y, aunque nos pese, también «cari», «peque» y «gordi». En algún sitio leí que es curioso cómo a lo largo de ese relato a veces se cambia el sentido de las palabras, incluso de las más inequívocas. Por ejemplo, cuando llamamos a alguien «cariño», al comienzo de la relación suele ser algo positivo. Pero años más tarde esa misma palabra adquiere otra connotación, como por ejemplo en «cariño, ¿puedes bajar la basura de una puñetera vez?» De hecho, el fin de una relación no solo es el de los sentimientos, sino que ese dialecto propio también desaparece, convirtiéndose en una lengua muerta.

El relato es fundamental para comprender cómo se diseña una experiencia: las marcas poseen una narrativa y los clientes también. En el primer caso se trata de la narrativa de marca y en el segundo de lo que llamamos historias de vida. En el momento en que se genera una experiencia con suficiente potencial, se comienza también a tejer un relato común. Piensa, por ejemplo, en toda la gente que se sabe de memoria la terminología de Ikea o de Starbucks. Y no solo eso, sino que te cuenta las experiencias que vive con ellas.

Por ejemplo, cómo personalizar un mueble o con qué *cookie* en particular hay que tomarse el *macchiato* para disfrutarlo más. Son personas que han abrazado el relato que les ofrece la marca y lo han hecho propio. Marcas como Nike o Harley Davidson poseen narrativas grandiosas, épicas, en los que la persona se siente elevada y trascendida. Y es que las historias nos pueden llevar muy lejos.

Cliente abrazando el relato de Marca Experiencial.

Lo segundo a considerar en el diseño de una experiencia es, pues, el relato. Es decir, por fuerza tiene que haber una narrativa. Palabras escritas (o dichas) con esmero y atino para que reverberen dentro de la historia vital del cliente y se hagan uno con ella. En muchas ocasiones se diseñan buenas experiencias que, sin embargo, se cuentan fatal. Y ya sabemos que en este mundo es tan importante (a veces más) hacer algo bien como saber contarlo bien.

Supongo que, de manera implícita, ya habrá quedado claro qué es una experiencia. Yo he puesto el ejemplo del amor, pero Pine y Gilmore[1], los padres del concepto, usaron el del teatro. Porque decían que las obras de teatro son historias en las que se producen determinadas emociones de una manera diseñada con anterioridad. Pero la lógica de fondo es la misma: una experiencia es una vivencia que está basada en una emoción significativa y en un relato.

Si los componentes fundamentales de las experiencias son las emociones y los relatos, su característica esencial es que, si están bien hechas, se instalan de inmediato en la conciencia de quien las vive expulsando lo que haya en ese momento en ella. Y, si están muy bien hechas, se vuelcan de la conciencia al recuerdo y lo habitan para siempre. Es lo que llamamos memorabilidad. Es decir, la capacidad que tiene una experiencia de ser recordada (con evidentes beneficios para la marca).

Lo que esto quiere decir, en otras palabras, es que todos los diseños de experiencia que son planos, es decir, que no logran llamar la atención, o que no resultan memorables, están mal hechos. Así de claro. Desde esta óptica es fácil comprender por qué el diseño de experiencias es diferente al diseño de productos, de servicios o de procesos.

Muchas veces escuchamos que tal o cual marca ha diseñado una nueva experiencia, pero a lo que se refieren, por ejemplo, es que ahora las transferencias bancarias se pueden hacer con el teléfono móvil o a que no hace falta llevar el *ticket* para devolver una prenda de ropa. Esto puede ser más o menos conveniente para el cliente, pero desde luego no hace que se enamore perdidamente de esa marca. De la misma manera que nadie se quedará prendado de ti solo porque le recuerdes dónde ha dejado el coche en el aparcamiento. El conocer la

---

1   Pine & Gilmore, 2011.

trazabilidad de una pechuga de pollo me puede resultar interesante, pero no cambia mi vida. Ni hace que se me acelere el corazón. Ni a mí ni a nadie que yo conozca.

Sobre todo porque, y esta es acaso una de las ideas más difíciles de entender, una experiencia no es una suma de piezas. Cuando uno ve un cuadro, la impresión le llega de manera global. Nadie se pasma ante el Guernica de Picasso, por poner un ejemplo, porque ve una cabeza aquí, una pierna allá o una lámpara no sé dónde. El cuadro se te echa encima de una manera abrumadora. Lo sientes de una manera tan rotunda que es difícil escapar de él. Pasa lo mismo con la música. Uno escucha *Thunderstruck* de AC/DC y no necesita sumar en su cabeza el bajo con la guitarra con la batería y con la voz para vibrar con la canción. El tema se experimenta de una forma global, arrebatadora e inescapable. Sí, como un trueno.

Y este es el otro motivo por el cual la emoción y el relato mandan en el diseño de experiencias. Porque es la manera de que todo lo que venga detrás esté empastado con ellos. Si vamos a hacer sentir seguridad, que sea seguridad. Si es ilusión, que sea ilusión. Y si es asombro, vamos a por el asombro a toda costa. Hasta que al cliente le brote a borbotones desde el fondo de las tripas. Y, cuando eso ocurra, le daremos forma en su memoria con palabras seleccionadas con el mimo de un artesano, entretejiendo su historia con nuestro relato de marca. Solo de esta manera la experiencia será única y memorable.

Seguro que en este punto hay alguien que ha levantado la ceja, como hacía Escarlata O´Hara, y ha pensado: ¿No es un poco exagerado todo esto?

No, no lo es.

Si no entendemos que la esencia del diseño de experiencias es acelerar el corazón de la gente es mejor que ni lo intentemos.

2. TE CONVALIDO LA CARRERA DE ECONÓMICAS EN 30 SEGUNDOS

En 2007 todo cambió.

Es sorprendente pararse a pensar en la cantidad de cosas que ocurrieron ese año y que explican casi cada característica del mundo que nos rodea hoy. Veamos: Amazon lanzó el Kindle, Facebook se viralizó, nació Twitter, se empezó a trabajar en el bitcoin y en el *big data*, se creó Android, se dieron los primeros pasos en la inteligencia artificial Watson y Steve Jobs lanzó el iPhone[2].

Y un año después todo cambió de nuevo, cuando sobrevino el mayor desastre financiero de nuestra historia reciente. Desde entonces los economistas llevan intentando explicar lo que nos ocurre y predecir lo que nos ocurrirá. Lo primero es muy difícil, lo segundo es casi imposible. Sin embargo se sigue tratando de hacerlo, porque cualquier decisión que tomemos en una organización es una decisión que afecta a los números. Y precisamente por ese motivo es importante saber economía.

Así que te voy a convalidar la carrera de Económicas para que puedas interpretar el mundo y tu organización con mayor conocimiento. Adquirí este superpoder hace algún tiempo, así que no me cuesta hacerlo, es un *bonus* extra que recibes por haber comprado este libro (si hay algún economista en la sala que se esté mosqueando es que he fallado en darle a este párrafo el toque humorístico que debería tener).

---

2 Friedman, 2018.

¿Estás preparado para graduarte en 30 segundos?

Voy: la economía es el intercambio de tiempo, dinero o esfuerzo por aquello que se considera valioso.

Ya está.

Eso es todo lo que necesitas saber para interpretar lo que ocurre en el mercado y, desde luego, para dirigir cualquier organización. Es fácil: tú fabricas algo que la gente considera valioso y ellos te darán su tiempo, su esfuerzo o su dinero. Eso es todo. No hay más secretos.

Lo que me gusta de esta forma de ver la economía es que se asienta sobre algo que para mí es muy importante, que es el concepto de valor. Todo el mundo anda rompiéndose la cabeza para intentar vender lo que fabrica a toda costa. Y se gastan sangre, sudor y lágrimas (y pasta) en ello. Cuando lo que ocurre en realidad es que todo el esfuerzo debería centrarse en crear algo de valor. Porque cuando algo es valioso la gente se da de tortas por tenerlo.

Todavía recuerdo la impresión que me llevé en el Apple Store de la Quinta Avenida, en Manhattan, cuando se lanzó el iPad. En medio de un río de gente que bajaba las escaleras había un señor (español) con una tarjeta de crédito (que sostenía en alto), gritando (en castellano): «¡Dadme tres, dadme tres!».

Pero no todo es tecnología.

En Polignano a Mare (el lugar donde nació Domenico Modugno), un precioso pueblo junto al mar en la Puglia italiana, hay un pequeño restaurante llamado Pescaria, cuya especialidad son los bocadillos de pescado. Hacen uno de pulpo frito que es una completa locura y generan tantas colas como las de Apple, tal vez más. La gente está dispuesta a esperar y esperar (tiempo) con tal de pagar (dinero), a veces bajo un sol de justicia (esfuerzo) para hacerse con una de sus delicias.

Delante de Pescaria hay una plaza con unos bancos de piedra. No tienen respaldo y no son cómodos porque son duros y fríos. Pero comerse un bocadillo de pulpo frito con una cerveza en ese lugar proporciona más placer que la mayoría de las cosas divertidas que una persona puede hacer vestida.

Sin embargo, esto no es una excepción. Lo habrás visto miles de veces: son lugares, objetos, productos, servicios, actividades y experiencias de toda índole que generan devoción y ansia. Es cierto que en algún momento se hizo un esfuerzo por darlos a conocer, pero en cuanto alcanzan su *momentum* ya no requieren mucho trabajo para seguir siendo populares.

En el otro extremo, claro está, hay infinidad de lugares, objetos, productos, servicios, actividades y experiencias de toda índole que son ramplonas y que, si despiertan algo, es indiferencia. Lo puedes ver en cualquier calle coqueta en cualquier ciudad del mundo, esas que siempre están plagadas de restaurantes. Siempre se cumple que unos son la niña bonita de los clientes y otros son el niño gris, ese que cuando falta a clase no se da cuenta ni la maestra. Como es evidente, muchas de las primeras son marcas experienciales.

Apple, Pescaria y todas las niñas bonitas del mundo fabrican un valor en el que la gente, una vez más, está dispuesta a dejarse su tiempo, su dinero y su esfuerzo. Por eso les va tan bien.

El problema, claro está, está en cómo fabricar ese valor. Un dilema al que el ser humano se ha enfrentado, al menos, desde que los fenicios comerciaban en el Mediterráneo. Si quieres probar tú mismo, no tienes más que preguntarte cuál es el valor que fabrica tu empresa. Y no me refiero a sus productos o servicios, sino al valor que esos productos o servicios entregan. Es decir: si eres de los que piensan que la gente va a los restaurantes buscando nutrientes, o que llevamos ropa solo para protegernos de las inclemencias del tiempo, es que tienes una visión muy limitada de lo que significa la creación de valor.

Marca Experiencial, la niña bonita de Cliente.

Pero no te preocupes, todo tiene arreglo.

En su extraordinario libro sobre la economía de las experiencias, Pine y Gilmore[3] cuentan una interesante historia acerca de las celebraciones de cumpleaños de los niños. En tiempos ancestrales, las madres fabricaban tartas con lo que se producía en el campo: harina, huevos, mantequilla, miel. Eso era todo. Y el coste era mínimo. Un poco más adelante, la industria comenzó a fabricar los ingredientes ya mezcla-

---

3   Pine & Gilmore, 2011.

dos. Muchas familias optaron por esa solución, aunque era un poco más cara. Más tarde, conforme todo se iba sofisticando, comenzaron a aparecer pastelerías que ofrecían un servicio de tartas personalizadas. Eran más caras que hacer una con una bolsa de ingredientes mezclados, claro. Pero había quien pensaba, y sigue pensando, que merece la pena pagar ese sobrecoste. Y de un tiempo a esta parte muchos padres deciden contratar a empresas para que organicen una fiesta completa, tarta incluida, en la que se pueden llegar a gastar cientos de euros.

Como habrás observado, el valor entregado ha cambiado en cada caso. En la primera situación lo valioso era que los ingredientes estuvieran disponibles. Si no hay harina no hay tarta. En el segundo caso, lo interesante era que ya estuvieran mezclados en las proporciones adecuadas. Esto ahorraba tiempo y complicaciones. En la opción de las tartas personalizadas está claro que ese era el valor clave, la adaptación a cada cliente. Y en el último ejemplo lo que los padres compran es la experiencia completa. Dicho de otra manera, el objetivo, que es celebrar un cumpleaños, siempre es el mismo. Y lo que cambia es lo que en cada caso se ofrece como valor a los padres: ingredientes, producto, servicio, experiencia. Y es esta última fase, la de las experiencias, en la que estamos ahora.

Piénsalo por un momento: ¿qué buscamos todos hoy?

Fácil: experimentar vivencias.

Quizá es porque la crisis de 2008 y la de 2020 nos han dejado muy tocados o porque el exceso de virtualización nos aburre, pero estamos todos locos por que nos ocurran cosas que nos saquen de la rutina. Pensémoslo de otra manera: ¿qué compartimos en las redes sociales? Lo que nos pasa: los restaurantes que visitamos, los hoteles en los que nos alojamos, los momentos que vivimos con nuestros amigos, y así sucesivamente. Y ¿qué buscamos en redes sociales? Buscamos estímulos, descubrir cosas nuevas, tener algo que contar. Por los mismos motivos estamos enganchados a las series y, quizá, esta sea la causa también del *boom* de la lectura que estamos viviendo en los últimos años.

Esta es la gran y única verdad que sostiene el intercambio de valor hoy día: la gente se levanta todos y cada uno de los días de su vida con la esperanza de que le pase algo extraordinario. Algo que la saque de ese día a día, siempre gris y aburrido, donde todo se muestra con una ausencia de originalidad horripilante: la oficina, los supermercados, las tiendas de ropa, los lugares de ocio, las plataformas de entretenimiento y así sucesivamente.

¿Por qué crees que miramos el móvil constantemente? Es el ansia de encontrar un pedacito de emoción que llevarnos al alma.

Porque hoy día todo se repite una y otra vez, todo es igual a sí mismo[4], y, por eso, cuando una marca ofrece algo que se sale del guion, algo en verdad inesperado y emocionante, vuelve locos de amor a sus clientes.

En resumen: vivir experiencias que nos emocionen se ha convertido en el nuevo oro. Pero ¿por qué? Pues muy fácil: porque hemos llegado a un pico de materialismo en el cual comprar objetos ya no nos llena. Y no es de extrañar.

Basándose en diversas fuentes, hay una página web[5] que revela datos sobrecogedores: por ejemplo, los niños ingleses de 10 años poseen 238 juguetes, pero solo juegan con 12. Y

---

4   Han, 2017.

5   Becker, 2015.

las mujeres estadounidenses tienen en el armario 30 combinaciones diferentes de ropa, cuando en 1930 esa cifra era 9. Pero eso no es todo: a lo largo de nuestra vida nos pasamos 3.680 horas (153 días) buscando objetos que perdemos. Poseemos tantos que no es raro que, más veces que menos, estén fuera de su sitio.

Y no resulta tan sorprendente que tengamos tantas cosas, porque hoy día podemos comprar de todo. Mientras escribo estas líneas constato que en Amazon se pueden adquirir cosas como tiritas que tienen forma de bacon, carne de unicornio y una caja de regalo que contiene... nada. Y esto no solo ocurre en esta tienda. En los últimos años han proliferado los sitios web destinados a vender todo tipo de ocurrentes objetos, tanto los imaginables como los inimaginables. Y aun así, a veces, no sabemos qué regalar a ese amigo de toda la vida o a nuestra propia pareja. La saturación de lo material nos desborda.

Cliente está saturado de posesiones.

Así que, en lugar de seguir almacenando cosas que luego tenemos que tirar, últimamente recurrimos a buscar vivencias que nos llenen: acudimos a conciertos, grabamos vídeos sorpresa para conmover a los novios en sus bodas, vamos al teatro, acudimos a festivales de cosplay, intentamos desvelar los secretos de un *escape room*, participamos en clubes de lectura, en rutas guiadas por la naturaleza, en comunidades de desarrollo personal y en retiros de yoga. Hoy día hasta algunas bibliotecas y museos organizan actividades para que sus visitantes tengan vivencias significativas. Lo que buscamos son experiencias que den sentido a nuestras vidas y completen nuestra identidad. De hecho, según un informe[6], el 78 % de la generación *millennial* prefiere gastar su dinero en experiencias en lugar de seguir incrementando sus posesiones. Dicho en otras palabras: las experiencias se han convertido en el nuevo objeto de deseo.

Volvamos ahora a nuestra carrera de Económicas para establecer esta conclusión: si fabricamos experiencias memorables la gente nos dará su tiempo, su dinero, o su esfuerzo.

Así de fácil.

Aun así, es posible que si vas a cualquier reunión diciendo que hay que dedicarse a crear vivencias, es posible que te tropieces con miradas de incredulidad y preguntas cargadas de escepticismo. Pues bien, da igual el sector en el que estés (créeme, da igual); míralos con seriedad y di esto: la gente intercambia tiempo, dinero y esfuerzo por aquello que considera valioso: el 50 % son emociones, y el otro 50 % es el relato. ¿Qué estamos haciendo aquí que contribuya a generar cualquiera de estos dos elementos?

---

6   Harris-Eventbrite, 2014.

Mira, todo el mundo cree que su sector es diferente: los de banca te dirán que su caso es distinto, los que venden automóviles también y, por supuesto, en la universidad te dirán que pertenecen a un linaje (casi una raza) diferente. Pero todos los sectores funcionan de la misma manera, porque todos tienen el mismo tipo de cliente, que es una persona. Incluso en B2B, quien lleva la interlocución es un ser humano.

Así que, mientras que no tengamos como clientes a robots, tardígrados o marcianos, lo que tenemos que fabricar son experiencias a base de emociones y relatos, porque eso es lo que la gente considera valioso.

Y ahora, claro, me dirás que cómo se fabrica una experiencia. No hay problema: pasa la página y empezamos.

3. POR QUÉ LOS VALORES CORPORATIVOS NO SIRVEN PARA NADA (Y CÓMO HACER PARA QUE SÍ SIRVAN)

¿Cuál es la pregunta más difícil que se puede hacer a cualquier profesional en una organización?

Te daré una pista: no tiene que ver con los resultados, ni con cómo dar una mala noticia, ni tampoco con la entrevista de desempeño. La pregunta más difícil es «¿cuáles son nuestros valores?».

Nadie se los sabe.

Y, sin embargo, las marcas se toman muchas molestias y gastan mucho dinero en consultoras para que estas les digan cuáles son sus valores y cómo comunicarlos.

Marca Gris intentando encontrar sus valores.

Por cierto, es un contrasentido eso de que alguien de fuera sea quien diga en qué cree una organización. Es como si yo tuviera que contratar a alguien para que me diga que valoro la familia o que antepongo la libertad a cualquier cosa (lo siento, amigos consultores; aunque en realidad la crítica no es hacia vosotros, sino a aquellas organizaciones que no saben si van o si vienen, que son muchas más de las que parecen).

El motivo por el que esto es así es doble: en primer lugar, algunos de los miembros de la plantilla no necesariamente comparten esos valores. Y muchos otros no saben si los comparten porque tampoco saben cuáles son los suyos. Piénsalo por un momento: ¿tú te has parado a pensar alguna vez cuáles son tus valores? A no ser que impartas clases sobre ello, o que seas *coach* o algo similar, es muy difícil que hayas hecho este ejercicio de clarificación. Por tanto, si no sabes cuáles son tus valores es muy difícil que puedas saber si son los mismos que defiende la organización en la que trabajas.

Pero el motivo más importante por el que la gente no conoce los valores de las marcas para las que trabajan es que no sirven para nada. Al menos para nada práctico, salvo quizá para armar mensajes de comunicación. A excepción, es verdad, de las instituciones educativas, donde se supone que los profesores intentan inculcarlos en sus alumnos. Digo se supone porque, en muchos casos, esto es más una intención que una realidad. Antes pedí perdón a los consultores, y ahora lo pido a los educadores que me estén leyendo.

Sería muy largo explicar cómo surgió la idea de que las marcas debían tener valores. Tan largo como inútil. Porque, hoy en día, han acabado en el cajón de los trastos olvidados. Sin embargo, los valores son esenciales para diseñar experiencias que enamoran. Y es muy fácil comprender por qué. El asunto es que hasta hace poco hemos estado mirando en la dirección equivocada, porque algo tan humano como un valor tiene que ser, por necesidad, sencillo. Si no, solo tendrían valores los sabios y los emperadores.

Lo primero que hay que tener en cuenta es qué es un valor. Y no me voy a poner soporífero: un valor es algo que una persona considera valioso. Así de fácil. Es evidente que si lo considera valioso lo protegerá y pondrá por delante de otros aspectos de la vida. Y, si siente ganas o necesidad de predicar, intentará inculcárselo a otros.

Por ejemplo, para mí un valor importante es la creatividad. Al igual que para otra persona será el rigor. No hace falta un análisis muy sofisticado para comprender que yo siempre antepondré la creatividad al rigor, y que esa otra persona hará lo contrario. Supongo que, si se lo tuviera que contar a Platón, le diría que yo prefiero la belleza a la verdad. Por ejemplo, a mí me gustará un cuadro imaginativo, aunque sea imperfecto, mientras que esa otra persona preferirá algo más perfecto, sin necesitar que sea tan imaginativo.

Tan simple como eso.

Así que cuando determinamos los valores para una marca no hace falta volverse locos, ni invocar a los sabios de la antigüedad, ni mucho menos estar al lado de un coro de monjes que huelen a incienso y cantan gregoriano. La única pregunta que es necesario hacerse es: ¿qué es lo que esta organización considera valioso? Puede ser útil valerse de un listado como el que cito al pie de esta página[7] pero, mucho más importante que eso es la fidelidad al equipo que lo está formulando.

Me explico: hoy día todo el mundo defiende la igualdad y el cuidado del medioambiente, pero ninguno de los dos tiene

---

7   https://losvalores.online/lista-de-valores/

por fuerza que estar incluido en todos los listados de valores de todas las marcas. Porque no se trata de parecer moderno ni místico. Se trata de ser auténtico. Y si aquí, en este equipo, consideramos valiosos el humor, la sencillez y la escucha, por poner un ejemplo, aunque no estén de moda ni aparezcan en ningún listado de valores, pues ya está. Estamos al final del camino. Esos serán nuestros valores y con ellos iremos hasta el fin del mundo. Y, más importante, como estamos a punto de ver, con ellos viajaremos hasta el corazón del cliente.

Esto es relevante, porque si de verdad queremos que nuestra marca entregue experiencias diferentes, lo primero que tenemos que hacer es plantear esa diferencia desde el origen. Y el origen son los valores. Si todos tenemos los mismos valores, todos sonaremos igual. Y si todos sonamos igual, el cliente elegirá por el precio. Y si el cliente elige por precio, entonces destruiremos nuestro margen y con él nuestro resultado y nuestra viabilidad. Por eso el valor de los valores está en que generan valor[8]. Y no, no es un juego de palabras.

La cuestión es que ahora todas las marcas (y los profesionales), en lugar de clarificar sus valores, andan a vueltas con el propósito. Sin embargo, desde el punto de vista del diseño de experiencias, esto conlleva algunas dificultades, como estamos a punto de ver.

¿Qué pasa con el propósito?

Ay, el propósito... la que se ha liado con el propósito.

Corría el año 2010 cuando un tipo llamado Simon Sinek hizo una charla TED que explicaba «cómo los grandes líderes ins-

---

8   Los valores también sirven para otras cosas, como por ejemplo para tomar decisiones. Pero esa es otra historia.

piran la acción». Utilizando ejemplos de la talla de Martin Luther King Jr. y Apple explicaba que todos, organizaciones y personas, teníamos que reflexionar sobre una sola pregunta: ¿por qué hacemos lo que hacemos? Y que de ahí dependían el cómo hacemos lo que hacemos y el qué hacemos.

La puesta en escena era brillante. Un tipo con gafas y barba de un par de días grabado en planos medios, con camisa holgada y algo arrugada, afanándose con un rotulador sobre un rotafolio de Office Depot. La simplicidad de su propuesta (tres círculos concéntricos) hizo el resto.

Acababa de nacer una nueva palabra mágica: el propósito.

Es difícil resistirse a la propuesta. Si quieres ser como Martin Luther King Jr. o Apple (líder u organización) lo único (¡lo único!) que tienes que hacer es definir tu propósito.

Y a partir de ahí miles de organizaciones y millones de personas se lanzaron a la búsqueda de un ideal aspiracional que los teletransportara a la nueva modernidad.

Marca Gris inventándose su propósito.

Y, como siempre pasa, el concepto acabó pervirtiéndose y hoy se habla hasta de «profesionales con propósito» y de «empresas con propósito», sin que haga falta siquiera decir cuál es (pensemos que un propósito podría ser también «crear nuevas maneras de robar bancos» o «construir una comunidad de estafadores»). Sin embargo, con mencionar la palabra mágica ya es suficiente. Porque el propósito se ha convertido en la nueva piedra filosofal de la arena empresarial.

El asunto es que... no es tan sencillo.

Yo, por ejemplo, nunca he encontrado mi propósito. Y dudo que muchas otras personas a las que les va muy bien, y a las que admiro por ello, hayan formulado el suyo. Sin embargo, ni a ellas ni a mí nos resulta difícil vivir nuestro día a día haciendo cosas que nos mueven. Es más, nos sentimos realizados haciéndolas y nos ganamos bien la vida.

¿Había reflexionado Leonardo da Vinci sobre su propósito? ¿Y Albert Einstein? Y Madonna, ¿tendrá claro cuál es el suyo?

El polémico *copywriter* Isra Bravo afirmó en una ocasión que necesita escribir para calmar su tormenta[9]. Yo creo que eso debería ser más que suficiente. Yo, de hecho, ni siquiera llego tan lejos. Yo escribo porque escribo. Y no necesito preguntarme por qué. He escrito doce libros y he colaborado en otros quince, además de muchos cientos de colaboraciones periodísticas. Con lo cual queda claro que para mí escribir es algo importante. Pero no sé por qué lo hago. Ni me importa. Lo hago porque lo hago. Porque es lo que soy. Y punto.

---

9   Bravo, 2022.

Para algunos de nosotros basta con que lo que hacemos tenga sentido, incluso cuando desconocemos cuál es ese sentido. Y sí, estoy muy cerca de la filosofía de Viktor Frankl[10] en esto. Quizá porque para mí es más importante el sentido que el propósito. Tal vez porque cuando las cosas tienen sentido pueden servir a infinitos propósitos.

De vez en cuando surgen modas en la arena empresarial. Al igual que en cualquier otro asunto: juegos infantiles, series de televisión o automóviles. Aparecen conceptos a los que todo el mundo se adhiere, muchas veces sin hacerse más preguntas.

Este es un fenómeno que ya he explicado en otro de mis libros[11] y que por su interés lo repetiré aquí: se llama el efecto hípster[12]. Resulta que en una comunidad de gente de repente surge alguien que plantea algo novedoso. Es como si en un rebaño de ovejas, de pronto una de ellas (necesariamente una oveja negra) saltase la valla y se situase al otro lado, donde los pastos no tienen límite. Otra oveja, al ver ese gesto, lo repite. Y ahora ya son dos las que se han salido del rebaño. Como no hay dos sin tres, una tercera hará lo mismo. Y bueno, el resto de la historia es predecible: tras un tiempo habrá una mayoría de ovejas (es decir, de personas) que habrán adoptado la novedad. Con lo que dejará de ser una novedad, claro. Pues más o menos eso es lo que ha pasado con el propósito.

La cuestión es que muchas personas saltan la valla sin pensar. O a veces el salto no está del todo bien comprendido. O pensado.

---

10   Frankl, 1991, Baird et al., 2012.

11   Alcoba, 2019.

12   Touboul, 2014.

Por ejemplo, en el caso que nos ocupa, mucha gente va a trabajar todos los días por el mismo motivo por el que la mayoría de las empresas existen: para ganar dinero. Ese es su propósito. Sería loable que todas las personas del planeta trabajaran para contestar las preguntas últimas de la humanidad y que todas las organizaciones del mundo tuvieran como reto único y compartido la paz global, pero la realidad no es esa. Personas y empresas quieren, en muchos casos como objetivo primordial, ganar dinero.

Y eso no es malo. Ganar dinero no es malo. Es legítimo.

Vivimos en un mundo en el que los niños necesitan ortodoncias o gafas y en el que, por varios motivos, no podemos salir a la calle desnudos. Por tanto nos hace falta ropa. Y también comida. Y un techo para guarecernos. Y tenemos derecho al descanso. Y a prosperar. No solo es algo lícito, es humano. Porque las personas nacemos al comienzo de una escalera. Y durante toda nuestra vida no hacemos otra cosa que intentar subir peldaños. Nuestra tendencia a ascender, crecer, aprender, desarrollarnos, cumplir sueños o como se quiera decir, es innata. Negar eso es negar una de las claves de la naturaleza de los seres humanos. Las abejas nacen y mueren siendo lo mismo y haciendo lo mismo. No se plantean nada, no tienen sueños ni aspiraciones y no se preguntan si habrá algo después de esta vida. Pero los seres humanos siempre aspiraremos a más, y en muchos de los casos esas aspiraciones requieren dinero. Por eso querer ganarlo es natural.

Lo que no lo es, por supuesto, es enriquecerse hasta el absurdo a costa de los demás. Pero la gran mayoría de la gente que necesita dinero no es así. Son personas que quieren llevar dinero a casa para tener una vida digna y próspera. Sin embargo, como es evidente, decir que ganar dinero es nuestro propósito no solo es una obviedad, sino que podría despertar sospechas en nuestros interlocutores más puritanos.

Por otro lado, hay gente que, desgraciadamente, alimenta sus acciones con propósitos poco loables. Por ejemplo la envidia. Aunque claro, esto no lo pueden proclamar a los cuatro vientos. Las personas somos también víctimas de la codicia, el rencor, la ira, la soberbia y mil emociones oscuras más que manipulan nuestro comportamiento. Y que, a pesar de que en ocasiones nos ayuden a triunfar, son inconfesables. En este caso proclamar nuestro propósito es también poco recomendable.

Por eso yo creo que, quien tenga un propósito magnífico, quien de verdad de la buena lo tenga, pues adelante. El resto podemos olvidarnos de él. Y, respecto a las marcas, muchas de ellas tienen ya fijado un propósito en sus documentos fundacionales. Pues esas marcas pueden también trabajar con él. El resto, al menos por mi parte, puede igualmente olvidarse de este asunto.

Pero no de los valores.

Porque, como estamos a punto de ver, están conectados con la fuente de la que manan las experiencias que son de verdad memorables.

4. LO QUE BRAVEHEART Y UN FILÓSOFO CHINO TE ENSEÑAN SOBRE CÓMO GANAR DINERO

El rey vio un hombre que pasaba conduciendo un buey y preguntó:

—¿Dónde llevas a ese buey?

—La sangre del buey se usará para consagrar una campana nueva —respondió el hombre.

—No puedo soportar verle encogerse de miedo, como un hombre inocente que va a ser ejecutado —replicó el rey.

En un momentito te voy a contar lo del filósofo chino y todo esto, pero antes déjame decirte una cosa: las emociones de tus clientes son las que pagan tu salario. Si me hubieran dado un euro por cada aproximación ñoña al mundo de las emociones en la creación de valor que he escuchado en mi vida habría cambiado de coche varias veces (y doce años más tarde sigo con el mismo). Que si empatizar, que si sonreír, que si seducir... la lista es interminable.

El asunto es que casi siempre que se habla de esto se olvida un dato clave: un cliente emocionalmente conectado genera un 52 % adicional de *customer value* sobre el cliente altamente satisfecho[13].

---

13   Magids et al., 2015.

Es decir: hoy día se supone que tus productos o servicios, o lo que quiera que sea que vendas, tienen una alta calidad. Y esa calidad produce satisfacción. Pero no una satisfacción cualquiera, sino una altísima satisfacción. Si ese no es tu caso, mi consejo es que cierres este libro y regreses a estas páginas cuando hayas llegado a ese nivel. Esto lo digo porque es una pérdida de tiempo poner incienso a la entrada de una clínica de estética llena de malos profesionales. O hacer que a la salida de un plato suene la *Cavalleria rusticana* en un restaurante si luego resulta que está elaborado con pescado en mal estado y verdura podrida.

Es decir, lo primero es lo primero.

Pues bien: una vez que has logrado un cliente altamente satisfecho, si además logras que perciba la diferenciación de tu marca, te anotarás un 13 % adicional de *customer value*[14]. Y si logras vincularlo emocionalmente, te embolsarás el 52 % del que hablábamos antes.

De ahora y para siempre: la magia de las emociones está en que mueven corazones. Y los corazones dan alas a las tarjetas de crédito.

Lo que ocurre es que, por desgracia, nadie, ni tu equipo, ni tus jefes, ni los clientes a los que atiendas como consultor, te comprará ese argumento. Es mejor que les hables de los porcentajes que te acabo de comentar, porque son los que la empresa entiende. Es decir, no les digas que hay que emocionar; diles que las emociones generan gasto. Y recomendación. Y lealtad. Y crecimiento[15].

---

14   Ibid.

15   *The Boston Consulting Group*, 2014.

En fin, volvamos al asunto que nos ha traído aquí. Un filósofo chino escribió algo parecido al texto que abre este capítulo en algún momento antes del año 289 a. C., que es cuando dejó este mundo. Era contemporáneo de Aristóteles, se llamaba Mencio y sus ideas estaban emparentadas con las de Confucio.

Si no fuera porque este señor sentó las bases de la manera más sencilla y poderosa de devolver la vida a los valores corporativos, no lo mencionaría aquí. Pero fue el padre del sentimentalismo axiológico[16], es decir, la idea de que lo que está detrás de nuestros valores son las emociones.

De nuevo, ahora no viene un texto empalagoso acerca de la más alta bondad humana, sino algo mucho más simple y, sobre todo, más práctico.

Examinemos la historia que nos contaba Mencio y preguntémonos qué decisión es probable que tome el rey. ¿Fácil, verdad? Indultar al buey. ¿Por qué? Porque le da pena. En otras palabras, la lástima que siente por el buey es la responsable de su acto de benevolencia. ¿Qué quiere decir esto? Que la emoción (lástima) precede al valor (benevolencia). Casi podríamos decir que es su causa.

Y por cierto, por ese motivo yo suelo decir que quien no tiene sentimientos no puede tener valores. Pero bueno, esto es otra historia.

También lo podríamos observar al revés. Imaginemos que estás viendo una película, pongamos que *Braveheart*. En realidad nos valdría cualquier otra, pero como esta ganó cinco premios Óscar parece que es más o menos buena. En ella un imponente y rebelde William Wallace, interpretado por

---

16   Lee, 2020

Mel Gibson (todos lo recordamos con la cara pintada a franjas azules), lucha contra los ingleses por la independencia de Escocia.

Hay una escena en la que arenga a sus hombres sobre su caballo. Y, al final de uno de los discursos más emotivos que el cine recuerda, pronuncia su famosa frase:

«Puede que nos quiten la vida, pero jamás nos quitarán...
ila libertad!».

Él cree tanto en la independencia que está dispuesto a jugarse la vida por ella. Su entereza, su determinación y su sentido de la justicia hacen que sus hombres se sientan valientes. Y hasta es posible que nosotros, sentados en el sofá de nuestro salón, sintamos también algo de valentía. Y que queramos comernos el mundo (a pesar de que lo que estemos comiendo sean palomitas de maíz). Es decir: sus valores producen nuestras emociones.

Marca Experiencial provocando emociones con sus valores.

Este es un caso de ficción, pero en la vida real hemos conocido a muchas personas (algunos de ellos Premios Nobel de la Paz) que han estado dispuestas a jugarse la vida por un ideal. En general, cuando encontramos a alguien que defiende valores muy profundos como la libertad, la igualdad o la solidaridad sentimos emociones muy intensas dentro de nosotros (si no las sientes es que eres un vegetal, posiblemente un apio o una col lombarda). Y no solo eso, sino que esas emociones nos movilizan y nos hacen pasar a la acción.

Por cierto, no sería de extrañar el que esta ecuación estuviera en la base de muchas militancias y activismos. Porque las emociones que despiertan los valores pueden llegar a cambiar la vida de una persona. Si quieres ver un ejemplo claro piensa en todas las personas que son veganas por motivos de conciencia. Sus valores de respeto al medioambiente en general, y a los animales en particular, les hacen evitar dañarlos, y eso cambia su dieta y, en muchos casos, su modo de vida.

Y es que la línea valor-emoción-conducta es muy potente. De hecho es también una clave fundamental en el mundo de la comunicación. Pero esta también es otra historia y, si quiero que este libro tenga un volumen manejable, tengo que intentar que no nos despistemos (sobre todo yo).

En fin, podría seguir poniendo muchos más ejemplos, pero creo que queda claro que hay una conexión directa e íntima entre un valor, una emoción y una conducta (en el mundo de la empresa, la ansiada conducta de compra). Entonces ¿qué deberían hacer las marcas con los valores que profesan?

Fácil: hacer sentir emociones a sus clientes.

Pero ¡atención! No estamos hablando de cualquier emoción. Sino de aquellas que se desprenden de sus valores, es decir, de aquellas emociones que, de manera natural, se deducen de ellos.

Voy a abrir aquí un pequeño paréntesis para recordar algo que explicaba más arriba y que es el motivo por el que las marcas, después de años de intentarlo, siguen sin conseguir diferenciarse del todo. El problema está, como decía más arriba, en la adherencia al famoso factor *wow* y en la creencia (falsa) de que la única emoción que se puede activar en un cliente es la sorpresa.

Una marca no debería accionar cualquier emoción al azar, ni únicamente intentar sorprender. Una marca debería centrarse en despertar en el cliente las emociones que corresponden con sus valores. Porque de otra manera le resultará muy difícil crear experiencias únicas.

La emoción de lástima en la historia de Mencio no despierta en el rey el valor de la creatividad, sino el de la benevolencia. Y los valores de Willam Wallace no hacen sentir la emoción del amor, sino la de valentía. Para cada valor hay solo un puñado de emociones correlativas. Y no hacen falta demostraciones sofisticadas para constatarlo. Es mero sentido común. Porque, metafóricamente, de la misma manera que con la vista vemos colores, con nuestra capacidad de sentir percibimos los valores[17].

Evidentemente el viejo Mencio no fue el único que se pronunció acerca de la relación entre los valores y los sentimientos, ni por supuesto sobre la importancia de los afectos en la vida humana. Otros autores son Scheler, M. Henry y tam-

---

17   Garrido Maturano, 2015.

bién Heiddeger[18]. Pero desgraciadamente se les ha escuchado poco fuera de sus círculos filosóficos. En efecto, es sorprendente cómo el concepto de inteligencia emocional tuvo un ascenso tan meteórico que acabó anegándolo todo hasta que perdió su significado. Quiero decir que se convirtió en la única manera de analizar el sentir en el ser humano, cuando en realidad lo único (y no es poco) que se intentó proponer era que el manejo de las emociones era también una forma de inteligencia. Pero el impacto y la saturación fueron tan grandes que hemos olvidado otras vías, a veces más productivas, de contemplar este asunto. Y así vamos, que seguimos insistiendo en las características de lo que vendemos, o como mucho en los beneficios, cuando lo que quiere la gente es experimentar vivencias que la saquen de la rutina y le hagan sentirse viva.

Si quieres hacer una prueba de lo perdidos que estamos todos en esto, haz esta pregunta en cualquier reunión en tu empresa: ¿cuáles son las emociones que deberíamos hacer sentir a nuestros clientes? El efecto es demoledor porque, si nadie se sabe los valores, imagínate lo de las emociones. Esto está ya por completo fuera de su alcance. Si eres consultor de experiencia de cliente también puedes introducir esta pregunta en la próxima reunión comercial que tengas. El éxito está garantizado porque todo el mundo intuye que las emociones son importantes, pero nadie sabe ni cuáles son ni cómo activarlas.

Como colofón a todo esto pensemos ahora en los perfumes. Te sorprendería saber que todas las colonias del mundo se generan a través de un puñado de olores básicos. Pero lo que importa no es si en un aroma captamos madera de guayaco, benjuí, jazmín o bergamota, sino la mezcla final. Pues lo

---

18   Adrián Escudero, 2007; Garrido Maturano, 2015; Lee, 2020.

mismo pasa con las empresas: es el conjunto de emociones, convenientemente activadas, el que genera la fragancia experiencial particular de la organización.

Y ese catálogo emocional forma parte indiscutible de la identidad de la marca. De hecho, constituye su identidad emocional, para mí algo mucho más importante que la identidad verbal o que la identidad gráfica (de hecho, las grandes marcas pueden cambiar de identidad gráfica y de identidad verbal, pero rara vez cambian de identidad emocional). Y esa identidad emocional depende a su vez de los valores que sostengamos. Lo cual es un giro tremendo respecto a lo que las marcas normalmente hacen. Es decir: se hartan de proclamar a los cuatro vientos sus valores, pero nunca hablan de las emociones que, a través de ellos, se comprometen a generar en sus clientes.

Resumen: la clave no está en mis valores como marca, sino en tus emociones como cliente. Como ves, se trata de un giro de 180 grados: pasar del «mis» al «tus». Entre otras cosas porque en esos «tus» se oculta el 52 % de incremento en *customer value* que comentaba antes. Y que pretendemos capturar, claro.

Vamos a poner un ejemplo. Imaginemos que una marca tiene entre sus valores la creatividad (como yo). La pregunta es, ¿qué emoción debería hacer sentir a sus clientes? Es decir, ¿cómo se deberían sentir esos clientes cuando interactúen con esa marca? Hay muchas respuestas posibles a esa pregunta, pero una de ellas es ilusionados. Es decir: dejemos de dar la tabarra a todo el mundo con que somos creativos y dediquémonos a ilusionar a nuestros clientes. Ya se darán cuenta por ellos mismos de lo creativos que somos. Y de paso nos cederán amablemente su tarjeta de crédito unas cuantas veces.

Otro ejemplo: imaginemos que una marca, por ejemplo un bufete de abogados, tiene entre sus valores el rigor. La pregunta, de nuevo, no es cómo se lo comunican a sus clientes, sino cómo les hacen sentir ese valor. Atención: ¿cómo debería sentirse una persona al lado de alguien que es riguroso? Respuesta: debería sentirse segura. La seguridad es lo que debería accionar esta marca en sus clientes.

La ventaja de este enfoque es que es mucho más práctico a la hora de comunicarlo a un equipo. Es denso y farragoso ponerse a hablar del rigor, pero es muy directo y sencillo decirle a nuestra gente que haga que los clientes se sientan seguros. Y en el caso de la creatividad pasa lo mismo: es un término que a veces resulta complejo, pero todo el mundo sabe cuándo siente ilusión por algo. Y la mayoría de las personas saben cómo provocarla.

Te recomiendo que hagas el ejercicio de intentar declinar los valores de tu marca (teóricos, internos) a emociones (practicables, orientadas a cliente). Puedes optar entre una de estas dos maneras:

1. La primera es como una regla de tres: «valor es a emoción como XXX es a...». En uno de los ejemplos que te he propuesto, quedaría de esta manera: «valor es a emoción como creatividad es a...». Y lo que hay que pensar es lo que va en esos puntos suspensivos. Lo que yo te he propuesto es ilusión. O sea: «valor es a emoción como creatividad es a ilusión». Y ya tendríamos una emoción en nuestro catálogo.

2. La segunda hace pensar más en el cliente, y toma esta forma: «nuestro XXX despierta en ti...». En el otro ejemplo que te he puesto se formularía de esta forma: «nuestro rigor despierta en ti...». Y lo que hay que hacer es

continuar la frase. Lo que yo te he propuesto es seguridad. O sea: «nuestro rigor genera en ti seguridad». Ojo: que esto no es para escribirlo en la página web; es solo para encontrar nuestro catálogo emocional. Y en este caso, también, ya tendríamos nuestra primera emoción, que sería la seguridad.

Aunque parece fácil (porque lo es) hay algunos aspectos a tener en cuenta cuando se hace este ejercicio.

- Puede haber más de una emoción para cada valor. Esto es natural. Por ejemplo, la creatividad puede despertar asombro e incluso motivación. Pero aquí hay que ser cuidadosos y escoger la emoción que más encaja con la marca porque, por ejemplo, ilusión, asombro y motivación no significan lo mismo. Lo que hay que pensar es si esta marca debe ilusionar, asombrar o motivar. De igual manera, el rigor puede despertar también confianza o tranquilidad, pero seguridad, confianza y tranquilidad no son exactamente sinónimos.

- No todas las emociones son válidas. Por ejemplo, la creatividad puede despertar admiración, pero es un sinsentido el que hagamos todo esto para que el cliente nos admire. De igual manera, el rigor puede despertar firmeza, pero es obvio que no estamos aquí para poner firmes a nuestros clientes.

- Si alguien está pensando que hay un cierto grado de subjetividad en todo esto es mejor que deje de darle vueltas: la respuesta es sí. Pero eso no lo hace menos verdadero ni, sobre todo, menos práctico.

De hecho, una de las enormes ventajas que tiene este enfoque es que, como te decía antes, la mayoría de las personas de cualquier organización pueden intuir cómo generar determinada emoción. Es decir, que además de implementar sofisticados proyectos de experiencia de cliente, también nos funciona el mero y sencillo mensaje de pedirle a nuestra gente que active las emociones con las que nos hemos comprometido.

Marca Gris esculpiendo sus valores en columnas jónicas.

En otras palabras: que si tú le dices a alguien que, haga lo que haga, intente que los clientes se sientan ilusionados, o seguros, eres más efectivo que si levantas una serie de columnas jónicas en el recibidor de tu organización y escribes en ellas los valores de tu marca.

En fin, sigamos: una vez hecho este ejercicio con todos los valores de la marca, enseguida te darás cuenta de que te has hecho con un capital importante: tendrás un catálogo emocional que podrás usar en distintos momentos del *customer journey*.

Es decir, dependiendo de cuál sea el punto de contacto en el que el cliente esté, podrás –o más bien deberás– activar una u otra emoción. Esto no solo te da mucha más flexibilidad, sino que también imprime a tu marca mucha más profundidad.

Porque las marcas, como las personas, son más interesantes cuantos más matices tienen. Eso sí, es importante que este catálogo tenga coherencia interna, y también respecto a la imagen de marca. Si no es así el ejercicio está mal hecho y habrá que empezar de nuevo.

Pero el asunto fundamental es que esta es la manera más sencilla y efectiva de crear un perfume experiencial. Uno que, junto con otras acciones que iremos viendo más adelante, deje una huella memorable y diferencial en nuestros clientes.

Pero antes de seguir es bueno que desmontemos uno de los grandes mitos fallidos de la experiencia de cliente.

Vamos a ello.

Aclaremos de una vez lo del factor «wow»

Una vez fui a visitar a una compañía que había estrenado instalaciones. El sitio era extraordinario, parecía un *loft* vuelto a reacondicionar para su uso como oficina. Es decir, daba la impresión de que primero había sido oficina, luego vivienda y de nuevo oficina. El caso es que le dije a la persona que me lo estaba enseñando que me gustaba mucho y me dijo: «Sí, está bien, aunque todavía falta ponerle algún *wow*».

Yo me quedé perplejo, claro.

Y no es la única vez que me ha ocurrido. Una gran empresa de organización de eventos que conozco suele seguir este proceso: primero diseñan y planifican el evento y, después de organizado, se ponen a pensar en el «momento *wow*».

Y esto, claro, es un error. Sería como hacer una tortilla de patata solo con los huevos y luego añadirle las patatas, empujándolas dentro de la masa ya cuajada. O como levantar una casa y luego pensar en las ventanas, rompiendo los muros a martillazos para colocarlas.

La experiencia de cliente no es algo que se añada como se le pone la guinda a una tarta. Ni es la sorpresa final que se le da a un niño como punto culminante de su fiesta de cumpleaños. La experiencia de cliente es, ante todo, una experiencia. Sé que esto es de Perogrullo, pero es que muy a menudo se nos olvida. Una experiencia es, sobre todas las cosas, una vivencia, es decir, una manera de sentir la interacción con una marca. No algo con lo que de repente te tropiezas como quien se encuentra un cupón de descuento en su tique de la compra.

Voy a poner un ejemplo muy claro: habrás notado que hay dos tipos de parejas. Unas, aquellas que se acuerdan tarde, mal y nunca de las fechas importantes y zanjan el consabido regalo entrando en Internet y comprando cualquier cosa. Y las otras, que son las que intentan que su pareja se sienta querida todos los días. Pues bien: los primeros son los defensores del manido factor *wow*, y los segundos son los maestros de la experiencia de cliente.

Y ojo, que la metáfora da para mucho más. Porque para hacer que una persona se sienta querida a menudo hay que usar más de una emoción: confianza, atención, valoración, alegría, y así sucesivamente. Pues eso mismo deberían hacer las marcas. Hacer que sus clientes se vuelvan locos por ellas haciéndoles sentir diversas emociones (coherentes entre sí) que hagan imborrables los momentos que viven en su relación con ellas.

Pero eso no es todo.

Existe una forma de potenciar el efecto de las emociones para realzar aún más la diferenciación al tiempo que se potencia la memorabilidad.

¿Te gustaría conocerla? Pues la tienes en la página siguiente.

5. MY NAME IS BOND... JAMES BOND

Se me ha quedado grabada una ilustración que vi en *The StoryBoard Method*[19]. Se ve un edificio de oficinas con gente trabajando dentro y en la parte de arriba un letrero enorme dice «SOMOS DIFERENTES». Al otro lado de la calle hay otro edificio de forma distinta, pero con el mismo letrero sobre la puerta de entrada: «SOMOS DIFERENTES».

Conclusión: todos proclamamos ser diferentes, pero nadie lo es de verdad.

También recuerdo a menudo haber escuchado en directo a Michael Porter diciendo que si nos dedicamos a competir en precios nos aniquilaremos. Y que estrategia significa adquirir una posición diferencial. Quizá desde entonces todos luchemos por ser distintos, a veces incluso afirmándolo con tanta vehemencia que nos igualamos al resto en nuestras ganas de ser algo que no somos.

Como lo que voy a explicar ahora es un concepto de cierta complejidad, lo voy a hacer a través de una historia, o al menos parte de ella. Es la historia de Luna y Gael:

«Se enamoraron enseguida. Los dos compartían su fe en la paz, la solidaridad y la vida sencilla. A él le pasmaba la personalidad de Luna: risueña, atrevida, creativa. Y a ella le serenaba el ser de Gael: metódico y austero, aunque un tanto introvertido. Sin embargo, eran diferentes en su manera de vivir sus valores y también en las reacciones que provocaban en los demás. Cuando Luna hablaba de la paz se refería a la concordia global, planetaria, y luchaba por

---

19   Charreau & Johnson, 2019.

despertar en los demás un sentimiento de plenitud, como si, al conquistar la paz, la humanidad se pudiera sincronizar con el giro del planeta. Sin embargo, la idea de paz de Gael se parecía más a una conquista individual, a algo que tenía que ver con su fuero interno, y por ello tendía a inspirar serenidad, muy lejos de la beligerancia de Luna en su lucha por la paz. Por otro lado, cuando ella hablaba de solidaridad se refería al deseo de construir una comunidad global y alimentaba en los demás la necesidad de pertenecer a ella. Un derecho que, decía, había que reivindicar. El concepto de Gael, por otro lado, tenía más que ver con el cuidado mutuo y tendía a hacer que la gente descubriera que la solidaridad es una manera de sentirse protegido. Respecto a la vida sencilla, a la gente le ilusionaba poder algún día ser como Luna, cuyo ingenio le permitía sacarle mil usos alternativos a cualquier objeto y buscar maneras sorprendentes de sustentar su activismo con cuatro cosas. Gael, sin embargo, vivía con esas mismas cuatro cosas pero a base de disciplina y ahorro, lo que despertaba más bien un sentimiento de austeridad, como si estuvieran frente a un anacoreta. Ella parecía poder comerse el mundo porque no necesitaba nada, mientras que en él habitaba más bien el simple deseo de sentirse arropado siendo capaz de vivir con lo mínimo. Se fueron a vivir y a amarse a un piso minúsculo cerca de Lavapiés, pagando un alquiler que les costaba más de lo que les parecía justo pagar. Pero felices, al fin y al cabo».

Como has podido ver, se trata de dos personas que comparten valores: la paz, la solidaridad y la sencillez. Sin embargo, los expresan de manera diferente y por eso el efecto que causan en los demás es también diferente. Luna despierta plenitud, pertenencia e ilusión, mientras que Gael evoca serenidad, protección y austeridad.

Si estás pensando en que todo esto tiene que ver con el capítulo anterior, has acertado. Luna y Gael tienen los mismos valores pero despiertan emociones diferentes. Recordarás que comentamos que para cada valor puede haber más de una emoción asociada. Pues bien, este es el caso. La pregunta es por qué.

Y es una pregunta importante porque incluso compartiendo valores y emociones con otra marca (lo cual sería sumamente raro, casi imposible de encontrar), dos marcas se podrían diferenciar.

¿Cómo?

Fácil: si relees de nuevo la historia, enseguida te darás cuenta de que Luna y Gael tienen personalidades diferentes. Ella es atrevida, creativa y risueña, y él es introvertido, metódico y austero. Es fácil imaginarse a Luna como una activista hippie, flotando en un vestido de gasa y con una melena lacia y rubia tocada por una corona de flores. Al igual que resulta sencillo imaginarse a Gael como un ermitaño de cabello negro y ensortijado, vestido con pantalones pintores y blusones de cuello Mao color tierra. Ambos tienen valores similares pero evocan emociones diferentes, porque las personas modulamos los valores según nuestra manera de estar en el mundo, es decir, según nuestra personalidad.

Para que lo puedas ver mejor, aquí tienes de nuevo la historia, pero con los tres componentes resaltados:

- Las características de su personalidad en cursiva.

- Los valores subrayados.

- Y las emociones en negrita.

«Se enamoraron enseguida. Los dos compartían su fe en la paz, la solidaridad y la vida sencilla. A él le pasmaba la personalidad de Luna: *risueña, atrevida, creativa*. Y a ella le serenaba el ser de Gael: *metódico y austero*, aunque un tanto *introvertido*. Sin embargo, eran diferentes en su manera de vivir sus valores y también en las reacciones que provocaban en los demás. Cuando Luna hablaba de la paz se refería a la concordia global, planetaria, y luchaba por despertar en los demás un sentimiento de **plenitud**, como si, al conquistar la paz, la humanidad se pudiera sincronizar con el giro del planeta. Sin embargo, la idea de paz de Gael se parecía más a una conquista individual, a algo que tenía que ver con su fuero interno y por ello tendía a inspirar **serenidad**, muy lejos de la beligerancia de Luna en su lucha por la paz. Por otro lado, cuando ella hablaba de solidaridad se refería al deseo de construir una comunidad global y alimentaba en los demás la necesidad de **pertenecer** a ella. Un derecho que, decía, había que reivindicar. El concepto de Gael, por otro lado, tenía más que ver con el cuidado mutuo y tendía a hacer que la gente descubriera que la solidaridad es una manera de sentirse **protegido**. Respecto a la vida sencilla, a la gente le **ilusionaba** poder algún día ser como Luna, cuyo ingenio le permitía sacarle mil usos alternativos a cualquier objeto y buscar maneras sorprendentes de sustentar su activismo con cuatro cosas. Gael, sin embargo, vivía con esas mismas cuatro cosas pero a base de disciplina y ahorro, lo que despertaba más bien un sentimiento de **austeridad**, como si estuvieran frente a un anacoreta. Ella parecía poder comerse el mundo porque no necesitaba nada, mientras que en él habitaba más bien el simple deseo de sentirse arropado siendo capaz de vivir con lo mínimo. Se fueron a vivir y a amarse a un piso minúsculo cerca de Lavapiés, pagando un alquiler que les costaba más de lo que les parecía justo pagar. Pero felices, al fin y al cabo».

En definitiva, si Luna y Gael fueran marcas, aunque coincidieran en valores diferirán en las emociones que despiertan porque tienen personalidades diferentes. Lo cual me lleva a hacerte la siguiente pregunta: ¿cuál es la personalidad de tu marca?

Ya, ya sé que esto normalmente ha sido territorio de los departamentos de Marketing y Comunicación, pero es hora de repensarlo y darse cuenta de que la personalidad de una marca es una cuestión estratégica, es decir, una cuestión que afecta a la posición diferencial. Y desde luego a la experiencia.

Llegados hasta aquí te estarás preguntando qué tiene que ver todo esto con James Bond. Bien. Como este parece ser el capítulo de los recuerdos, te contaré que también mantengo vivo en mi memoria el momento en que escuché a Frank Stephenson, entonces director de diseño de McLaren, hablar de cómo concebían ellos la creación de un nuevo automóvil. Y lo que hacían, incluso antes de dibujar la primera línea, era definir la personalidad que tendría el nuevo modelo. Y puso un ejemplo de un caso concreto, en el que se fijaron como objetivo que el coche fuera *sofisticado, astuto y sexy*.

Ya, ya sé que hablamos de un vehículo, es decir, de una cosa, pero te habrás dado cuenta, como casi todo el mundo, de que incluso los automóviles tienen personalidad. Los hay que parecen agresivos, otros afables, otros graciosos, y así sucesivamente. Pues bien, con las marcas pasa lo mismo: quizá porque las personas estamos orientadas a las personas, acabamos viendo rasgos humanos por todas partes (con los perros pasa de manera muy habitual).

Pues bien: un factor que aporta una diferenciación experiencial determinante es precisamente la personalidad de la marca. Y eso, como todo, se puede diseñar. Es más, se debería diseñar.

Mientras escuchaba a Frank Stephenson hablar de su nuevo modelo me pregunté qué persona podía tener los atributos de personalidad que él mencionaba. Es decir, al igual que Luna es atrevida, creativa y risueña, y Gael es introvertido, metódico y austero, quién podría ser sofisticado, astuto y sexy.

Seguro que conoces la respuesta a este interrogante porque, aunque tengas memoria de pez, recordarás el título de este capítulo. Exacto: James Bond.

Vale, pues ahora hazte tú esta pregunta: ¿qué persona o personaje podría tener los atributos de personalidad de tu marca? De manera recurrente la respuesta a esta cuestión es: «No tengo ni idea». Porque la mayoría de las marcas no han reflexionado sobre este aspecto.

Y esto es importantísimo, porque cuando tú participas de una experiencia no es lo mismo que la entrega venga de una persona o de otra. Por ejemplo: si vas a un *show* de magia no es lo mismo encontrarte a Juan Tamariz que a Anthony Blake. El primero es más bien risueño, algo nervioso y un poco histriónico, y el segundo es serio, misterioso y profundo. El mismo juego de magia hecho por uno y por otro será completamente diferente.

¿Y tu marca cómo es? ¿Es más Tamariz o más Anthony Blake? ¿O es una marca James Bond?

Para completar el ejercicio de los valores y las emociones yo te recomiendo que escojas algunos atributos de personalidad para tu marca. Por ejemplo, imagínate que tu marca representa a una clínica de fisioterapia y que decidís que los atributos de personalidad son la cercanía, la empatía y la relajación.

Marca Experiencial y su arrolladora personalidad.

Pues ese solo hecho ya sugiere una manera de concebir las experiencias que entrega la clínica. Es más, también da una pista acerca de la identidad visual de la marca: tonos cálidos y muteados, curvas suaves en *sfumato* y una gráfica minimalista y envolvente. Se parecería más a un spa que a una clínica de fisioterapia.

Ahora imagínate que, en lugar de esa personalidad, decidís que la clínica sea analítica, lógica y metódica. Pues pasa lo mismo: que esa decisión, por sí misma, ya genera un universo propio. Seguramente la identidad gráfica de esta marca tenga que ver con los tonos verdes o azules y los trazos angulosos y bien definidos. En este caso se parecería más a un hospital que a cualquier otra cosa.

Otra ventaja de escoger una personalidad para tu marca es que, a través de ella, tienes una idea de cómo la marca habla. Es decir, cómo se dirige a sus clientes. No es lo mismo un mensaje creado por alguien cercano, empático y relajado, que uno confeccionado por una persona analítica, lógica y metódica. Como es natural esto tiene sus límites: es tan difícil que un actuario sea chistoso como que un payaso sea circunspecto. Pero aun así el rango de posibilidades es casi infinito.

Es posible que te plantees que, si los valores se pueden ver afectados por la personalidad en las emociones que desencadenan, quizá sería mejor invertir el orden y definir aquella antes que estas.

Pues la verdad es que, en mi experiencia, esa manera de proceder no funciona bien. Porque el vínculo entre un valor y una emoción es muy estrecho. Los seres humanos sentimos los valores, como vimos más arriba. Y por tanto es un ejercicio relativamente sencillo. Pero saltar de los valores a la personalidad y luego definir las emociones dificulta ver ese vínculo con claridad. Y, aún peor, hace que nos dejemos llevar por la personalidad a la hora de definir nuestras emociones. Y no debería ser así. Porque la personalidad debería ser tan solo una forma de expresión de algo más nuclear, que son los valores y las emociones. Es decir, tú, como marca, te debes a tus clientes y a las emociones que quieres generar en ellos (porque son las que mejoran tu cuenta de resultados). Tu personalidad es solamente el vehículo sobre el que eso sucede.

En fin, sea somo sea, con un catálogo de emociones y un conjunto de atributos de personalidad tu marca tendrá vida propia. Tendrás mucha flexibilidad a la hora de mover el corazón de tus clientes y lo harás desde una manera propia y genuina, es decir, desde una personalidad propia.

Todo esto nos lleva a una gran conclusión, a una gigantesca conclusión. Algo tan obvio e inescapable que es casi indiscutible. Algo que está en la raíz misma de la creación de valor y que, por tanto, es un generador casi inagotable de riqueza y prosperidad, e incluso de desarrollo humano.

Algo que, sin embargo, la mayoría de las marcas se empeñan en ignorar.

Lo tienes en la página siguiente.

6. ¿ESTÁS LISTO PARA EL MEJOR VIAJE DE TU VIDA?

Una medianoche cualquiera, el avión en el que viajaba un tipo llamado Scott aterrizaba con dos horas de retraso en el aeropuerto de Jacksonville, Florida. Scott había viajado todo el trayecto en la incomodidad propia del asiento del medio y tenía una reunión al día siguiente, a primera hora de la mañana. Se lamentaba de las pocas horas que podría dormir antes de su compromiso profesional mientras esperaba la larga cola de personas que, como él, esperaban un taxi.

Y en ese momento ocurrió algo que lo cambió todo.

El conductor del taxi que le tocaba frenó frente a él, se bajó del coche y, con voz entusiasta, le dijo:

«¿Está listo para el mejor viaje en taxi de su vida?».[20]

Scott le miró perplejo y contestó afirmativamente. El taxista se presentó como Taxi Terry y ahí comenzó una deliciosa historia que parece sacada de un guion de Disney. Salvo por el hecho de que es rigurosamente cierta.

Taxi Terry llamó a Scott por su nombre desde el primer momento porque tuvo el acierto y la delicadeza de verlo impreso en su equipaje. A continuación le ofreció una previsión del tiempo para el día siguiente y luego le preguntó si podría grabar la conversación. Scott, como es natural, se sorprendió y preguntó cuál era el motivo.

---

20   McKain, 2014.

Taxi Terry le explicó que él mantenía una base de datos de todos sus clientes, a la que incorporaba las grabaciones de las conversaciones que mantenía. Era la manera de recordar detalles importantes de la vida de sus clientes por los que podía preguntar la siguiente vez que se encontraran. Scott estaba alucinado: un taxista con una base de datos de sus clientes.

Pero el asunto no acabó ahí. Cuando el coche llegó al hotel Marriot, Taxi Terry se bajó del coche, cogió el equipaje de Scott, entró con él en el vestíbulo y le anunció al recepcionista su entrada. Exactamente igual que lo habría hecho si se hubiera tratado de una estrella del rock. Por último, se despidió de él diciéndole que podría descargar cómodamente la factura de su página web. Scott alucinó aún más: un taxista con una página web propia.

Por azares del destino, resulta que el pasajero era Scott Mc-Kain, un reconocido experto en ventas y atención al cliente. Como también me hubiera pasado a mí, al día siguiente no podía sacarse la historia de la cabeza. De tal modo que escribió un libro sobre ella. Se llama *Los 7 principios de Taxi Terry*[21].

Cuando leí esta historia su situación de partida me resultó muy familiar. Hubo una época de mi vida en la que viajaba mucho y he sufrido casi todas las torturas posibles: la del asiento del medio, la del retraso del vuelo, la de la larga cola para esperar un taxi, la de que el desayuno no esté abierto a la hora que yo necesito y, por supuesto, la de impartir una conferencia medio zombi como consecuencia de todo ello.

Por otro lado, como casi todas las personas, yo considero que el servicio de taxi es lo que comúnmente llamamos un *commodity*, es decir, un producto sin diferenciación al que lo

---

21 Ibid.

único que le pedimos es rapidez y bajo coste. Es verdad que empresas como Cabify lo han hecho más conveniente, pero en esencia el servicio es el mismo: uno paga por un recorrido. El conductor puede ser más o menos amable, puede o no haber agua, música o aire acondicionado, pero la presencia de todo ello no convierte un viaje en coche en una experiencia memorable.

Sin embargo, hay algo que siempre lo es cuando uno ha estado encajonado en un asiento de avión durante horas, ha hecho cola durante un buen rato, es de noche y quiere llegar a su hotel para descansar: sentirse a gusto. Porque lo que puede entusiasmar o no a alguien que viaja en un taxi no es el hecho en sí de desplazarse de un sitio a otro, sino cómo se siente durante el trayecto.

Marca Experiencial te da la bienvenida al mejor viaje de tu vida.

Recuerdo una noche de lluvia en cierta ciudad del norte de Europa. Mi avión también había llegado tarde y también yo tenía una charla al día siguiente. Era invierno y en la habitación hacía frío porque el sistema de calefacción no funcionaba. Llamé a la recepción para ver si me daban alguna solución, pero recibí una negativa tajante. El hotel estaba lleno, con lo que no me podían trasladar a otra habitación y no tenían radiadores (aún me pregunto por qué).

«Pero no se preocupe, señor –me dijo el recepcionista–. Mañana a las 9 nuestro técnico de mantenimiento acudirá a su habitación para resolver este problema».

El caso es que antes de esa hora yo ya me habría ido, para no volver. Era mi única noche en aquel hotel. Y aún recuerdo el frío que pasé.

Como es esperable, el recepcionista fue amable conmigo. Y me informó de manera correcta de sus protocolos de mantenimiento. Y por supuesto me llamó por mi nombre. Y todas esas cosas que se supone que hay que hacer para que el servicio al cliente sea bueno.

Pues bien, aquí es donde está la clave: la diferencia entre ambas situaciones no está en el trato amable ni en nada que se le parezca. La diferencia está en que Taxi Terry comprende cómo se sienten sus clientes y en aquel hotel no entienden nada. Nada de nada.

Porque lo importante no es que Taxi Terry tenga una base de datos o una página web (la experiencia de cliente nunca está en la tecnología por sí misma). Lo importante es que él intuye cómo se sienten sus clientes e intenta provocarles una emoción coherente, en este caso de familiaridad (por eso anota detalles importantes de sus vidas) y singularidad (por eso presenta a sus clientes como si fueran *celebrities*).

Sin embargo, en el hotel parecen no comprender lo molesta que se puede llegar a sentir una persona en una habitación fría. Y lo sorprendente de esta situación es que eso, precisamente eso, el negocio de las habitaciones, es su negocio. Porque ahí, precisamente ahí, está el error, en concebir las habitaciones como dormitorios, en lugar de como lugares en los que las personas buscamos sentirnos como en casa cuando estamos lejos de casa.

Si tuviera que hacerme un tatuaje con la frase más importante en experiencia de cliente, sería esta:

«La gente no compra lo que haces; compra cómo les hace sentir».[22]

Y cuando nos referimos a comprar, estamos usando la palabra de manera literal. Es decir, nos estamos refiriendo a ese 52 % de incremento en el *customer value* que mencionaba antes.

Sin embargo, hay un motivo más para embarcarse en este viaje hacia lo que el cliente siente y puede llegar a sentir a nuestro lado. Y es que la vida es mucho más ligera y emocionante si alguien nos saca de ese mundo gris del que también hablábamos antes.

Si todas las marcas (y todas las personas que les dan vida) estuvieran convencidas de esto, el mundo sería un lugar mucho más luminoso y divertido para todos. Y eso, abrir puertas y ventanas para despertar a otras personas agregando a sus vidas nuevas y vibrantes dimensiones es, en realidad, en lo que consiste la experiencia de cliente.

Es decir, para que quede claro: no es que hacer sentir emociones a la gente desde nuestra identidad sea un pilar básico de la experiencia de cliente. Es que es la experiencia de cliente en sí misma.

---

22   Jiwa, 2013.

En los capítulos que siguen veremos cómo hacer que esa emoción se prenda de la esencia de la persona, de lo que la persona es, hasta hacerse imborrable. Pero nuestro punto de partida es este. El punto de partida de un gran viaje hacia el corazón del cliente, es decir, hacia el corazón de otra persona.

Es un viaje tan grande que quizá se convierta en el mejor viaje de tu vida.

¿Te apetece?

7. SOMOS UN PUÑADO DE RECUERDOS

Una vez vi en televisión a un tipo que se había tatuado el código postal del domicilio donde vivía. Sí, sí, sobre la piel. Sí, sí, un tatuaje permanente.

A ti y a mí nos parece un sinsentido, pero para él era una forma de demostrar su apego a su barrio y a todo lo que para él significaba. En las grandes ciudades los barrios son como pueblos. En ellos se nace, se estudia, se trabaja, se vive y se muere. Todos se conocen (más o menos) y están al tanto de las noticias que les acontecen. Es como una burbuja de familiaridad que ayuda a no perderse en la alienación que inoculan las urbes gigantes.

No hay vínculo más potente para una persona que el que tiene que ver con la identidad. Eso explica, por ejemplo, la adherencia a equipos deportivos, a nuestra familia y, por supuesto, a lugares geográficos, ya sean estos naciones, ciudades, pueblos o barrios. Somos en buena medida aquello a lo que nos sentimos pertenecer. Por eso nos sientan tan mal los chistes sobre el equipo al que defendemos, sobre nuestra familia y, no digamos, sobre el lugar donde nacimos.

La cuestión es qué es la identidad. Y, sobre todo, si la identidad es algo sobre lo que las marcas pueden reflexionar para diseñar experiencias. La respuesta a la segunda pregunta es sencilla: sí (como era de esperar).

Contestar a la primera pregunta no es mucho más complicado: desde cierto punto de vista, la identidad es la suma de nuestros recuerdos. Decía Oliver Sacks que «tenemos, todos y cada uno, una historia biográfica, una narración interna, cuya continuidad, cuyo sentido, es nuestra vida. Podría decirse que cada uno de nosotros edifica y vive una «narración» y que esta narración es nosotros, nuestra identidad»[23].

Lo que esto quiere decir es que la manera en que los seres humanos almacenamos nuestra identidad es narrativa. O sea, como dice el título de este capítulo, que somos un puñado de recuerdos. Eso sí, para que no nos volvamos locos hay una instancia de nuestra mente que se dedica a compilar todo lo significativo que nos ocurre y a crear esa gran narración que somos nosotros.

Y ese es el motivo por el que el almacén de recuerdos que conforma lo que somos no registra la realidad de manera fiel, sino solo aquella que nos resulta relevante. Por eso todo el mundo recuerda su primer beso, pero nadie recuerda el número 152.

A partir de aquí, la pregunta sería más o menos esta: ¿cuál es la mejor manera de comunicarse con un ser humano?

Espera un segundo, la voy a formular de otra manera: ¿cuál es la mejor manera de comunicarse con un ser humano cuya identidad misma es un relato?

Respuesta: con un relato.

Decía Daniel Kahneman que estimamos la veracidad de una información basándonos en su sencillez y su coherencia[24]. Dicho en otras palabras: la medida en que los seres humanos atribuimos certeza a un mensaje no tiene que ver con cifras

---

23   Sacks, 2018.

24   Kahneman, 2015.

meteóricas o apabullantes datos, sino con la simplicidad y cohesión interna de aquello que estamos recibiendo. Y ¿qué hay más sencillo y coherente que una buena historia?

Es posible que este sea el motivo por el que los seres humanos registramos lo que nos pasa de forma narrativa y también la razón por la que preferimos que nos cuenten cuentos a cualquier otra forma de comunicación. De hecho, según una infografía elaborada por One Spot, el 92 % de los clientes quieren que las marcas produzcan sus anuncios en forma de historias[25].

Para una persona que se ha tatuado el código postal de la calle donde vive, la historia de su barrio, de sus personajes, casas y comercios, tendrá un atractivo irresistible. De la misma manera que para un fan de los Beatles el averiguar detalles sobre sus comienzos, dificultades, triunfos y miserias será adictivo. Y es que hay algo magnético en las narraciones que nos explican, que nos ayudan a comprendernos y que nos hacen sentir que pertenecemos a algo más grande.

Sin embargo, lo que en realidad cuenta es que cada vez que la historia de un ser humano entra en contacto con otra historia se produce un momento mágico. El instante en que esa persona valora si aquello que tiene delante forma parte de alguna manera de lo que ella es.

Cuando conectamos con un relato se produce un cruce de narrativas y, por tanto, de identidades y sentidos. Y si la persona que escucha, mira o lee ese relato lo siente como propio entonces lo absorberá como si fuera parte de su propia sustancia. Además, según hemos aprendido de Kahneman, lo considerará verdadero. Es decir, se fiará de ello.

---

25   Kharbach, 2014.

Cliente y Marca Experiencial en el cruce de narrativas.

Llegados a este punto voy a hacer un pequeño resumen porque, si bien no son conceptos complejos, no estamos acostumbrados a verlos encadenados de esta manera. Veamos:

- La identidad de la persona está basada en un conjunto de narraciones.

- Por tanto la mejor manera de hacer que una persona se identifique con algo es a través de un relato.

- Si el relato de la persona se solapa con la historia que se le presenta, se identificará con ella.

- Y, además, creerá en lo que dice.

Si aún no te has dado cuenta del potencial que tiene esto para el diseño de experiencias es que debo estar explicándome muy mal. Lo que estoy queriendo decir es que si la experiencia que entregamos viene envuelta en un relato con el que el cliente se pueda identificar, la adherencia que genera se multiplica de manera exponencial a cada fragmento de historia que vaya absorbiendo.

Esto es muy interesante porque, que yo sepa, es la primera vez que nos damos cuenta de que todo lo que se ha investigado sobre las historias de vida[26] se ensambla con lo que sabemos sobre narrativa de marca. En realidad, estábamos hablando de lo mismo sin percatarnos de ello: las personas son historias, las marcas son historias. Si ambas confluyen, ¡boom!, se produce una fusión de identidades y el cliente sentirá que la marca forma parte de su vida.

Se tiende a decir que el diseño de experiencias se basa en el diseño de las interacciones[27], pero esto solo es cierto hasta cierto punto. Porque lo que en realidad es relevante es hacia dónde conducen esas interacciones. Los clientes tienen miles de interacciones casi a diario y la mayoría de ellas son intrascendentes, porque son meras transacciones. Ahora bien, si una interacción se convierte en un diálogo tan profundo que conduce a la identificación entre un cliente y una marca, entonces el diseño de experiencias se vuelve vital para ambos.

Si esto te parece mercantilista o capitalista, o incluso crees que es intrusivo que una marca juegue con algo tan serio como la identidad de una persona, piensa que, en realidad, es un fenómeno que lleva ocurriendo desde que las marcas existen.

No hay mucha diferencia entre un agricultor del medio oeste norteamericano que luce con orgullo una gorra de John Deere, la marca del tractor que utiliza todos los días, y una adolescente que guarda como un precioso tesoro unas viejas gafas Ray-Ban Aviator que su padre usaba de joven. Las marcas que consideramos míticas no son las que cotizan en Bolsa, ni las que tienen una excelente gestión financiera, ni aquellas cuyos procesos de calidad rozan la excelencia. Sino

---

26   McAdams, 2001.

27   Rossman & Duerden, 2019.

aquellas con las que crecimos, las que forman parte de nuestra vida y las que nos ayudan a explicarnos.

Y eso se expresa con una palabra mágica. Los usuarios de Mac no dicen «yo compro Mac» o «yo utilizo Mac». Dicen «yo soy de Mac». De la misma manera que decimos «yo soy del Madrid» o «es que yo soy muy de Ikea».

«Soy» no es una palabra que indique una transacción mercantil o la simple utilización de un producto. Significa identidad y pertenencia. Por eso vemos manzanas mordidas pegadas en los coches y por eso la gente se tatúa el emblema de Harley Davidson en el hombro. Son marcas, pero para nosotros constituyen un fragmento de nuestra identidad.

Cliente y Marca Experiencial compartiendo una historia común.

Por eso es fundamental que las marcas construyan su relato y den la oportunidad al cliente de acercarse a él con su propia narrativa para compartir una historia común.

La pregunta, como siempre, es cómo hacer esto, claro.

Pues estás de suerte, porque a eso precisamente vamos ahora.

8. SUPERA EL STORYTELLING: CONECTA NARRATIVAS

Seguro que la palabra *storytelling* te suena bien. Hay palabras que tienen éxito porque suenan bien, como efímero, resiliencia o nostalgia, y palabras que suenan mal, y por tanto no lo tienen, como sobaco, bodrio o carraca.

Storytelling es una de esas palabras que nos caen bien y, en consecuencia, siempre generan buen rollo. Pues bien, vamos a hablar un rato sobre este tema. Digo «sobre», porque vamos a intentar llegar a una comprensión superior de lo que este término debería significar. Y no porque suene bien, sino por la potencia experiencial que tiene. Porque la verdadera naturaleza del *storytelling* no es contar historias. Ni contar historias bien. Ni nada que se le parezca.

Es sumar identidades. En nuestro caso, para diseñar experiencias.

Es curioso cómo cada vez que aparece una nueva tendencia en las organizaciones hay una fuerza ñoña que la convierte en blandiblub. Por ejemplo, lograron convencernos de que el mensaje central de la inteligencia emocional era que teníamos que amarnos los unos a los otros y que lo que pretende el *coaching* es ayudarte a superar tus miedos e inseguridades para que lo puedas lograr todo. Todo, todito todo.

En fin. El caso es que con el *storytelling* ha pasado más o menos lo mismo. Se ha comprendido que tiene que ver con las historias, e incluso con las historias de marca, pero no se acaba de entender, al menos a mi mirada, qué tiene que ver eso con las experiencias. Y mucho menos con la rentabilidad.

Vamos a acometer ese asunto enseguida pero, antes de que eso ocurra, déjame contarte algo que te va a sorprender. Hace unos años se hizo una investigación sobre lo que saben los consumidores de los factores de protección solar y llegaron a la conclusión de que la mayoría no se entera[28]. Un 92 %, nada más y nada menos.

Esto es algo que yo he podido comprobar en persona. Una vez escuché a alguien con un alto nivel de estudios y un puesto de responsabilidad en una gran organización decir que el número que aparece en el factor de protección es el número de horas que puedes estar al sol sin quemarte. Por tanto, según su teoría, con un SPF50 puedes permanecer dos días con sus noches al sol. Lo que no llegué a preguntarle es por qué consideraba útil que el efecto de un protector solar siguiera siendo efectivo durante la noche.

Este es solo uno de los infinitos ejemplos que encontramos a diario en cuanto a la comunicación que hacen las marcas. Vamos a simplificarlo diciendo que todas las organizaciones tienen un idioma interno. Sus sistemas, sus procesos y su cultura son manejados con una serie de términos que, dentro de la organización, comprende todo el mundo. De la misma forma que los habitantes de un país que hablan un mismo idioma se entienden entre ellos.

Pero si un ciudadano de esa nación cruza una frontera, enseguida se dará cuenta de que nadie comprende lo que dice. Pues bien: ahora imagínate que ese individuo quisiera vender algo intangible en ese nuevo lugar (un servicio, vaya). Sería un desastre, ¿verdad? Pues ahora trata de imaginar lo

---

28   Swinscoe, 2016, p. 62.

difícil que lo tienen la mayoría de las organizaciones cuando tratan de vender cosas a clientes hablando una lengua que ellos no entienden.

La conclusión de todo esto es sencilla: habla claro. Ahora nos vamos a meter en un territorio mucho más profundo, que es entender cómo podemos vincular la identidad narrativa de un cliente con la de la marca, aunque nada de eso funcionará si seguimos usando jerga incomprensible para nuestros clientes.

Y, por cierto, esto es extensivo a las introducciones, los preámbulos, los introitos, los prefacios, los exordios, los proemios, las oberturas, los preludios y, en general, todos los preliminares que atienden a nuestra necesidad de comenzar cualquier comunicación remontándonos a Aristóteles.

Habla claro. No porque sea mejor; es porque cualquier experiencia que quieras plantearte se verá ensombrecida si tus clientes no te entienden. Y ve al grano. Porque la capacidad de atención del ser humano está bajo mínimos.

Me he prometido a mí mismo que no iba a llenar este libro de estudios, porque creo que no hay que confundir los hechos con la verdad, pero es que este es muy bueno. Verás: unos investigadores se propusieron comparar la comunicación de los médicos con sus pacientes con la que podía llevar a cabo una inteligencia artificial. Pues bien, en el 78,6 % de los casos los pacientes prefirieron a la inteligencia artificial. No solo en calidad, sino también en empatía[29]. No hay más explicaciones. Los resultados hablan por sí solos.

De nuevo: habla claro y ve al grano.

---

29   Ayers et al., 2023.

En el capítulo anterior nos quedamos con la idea de que marca y cliente tienen, cada uno, su propia narrativa. Y que lo mejor que nos puede ocurrir es que el cliente se identifique con la marca a través de lo que tienen en común esos relatos. Ahora vamos a acometer la parte más interesante, que es cómo hacerlo.

Hace algún tiempo a un verdadero genio se le ocurrió descifrar la fórmula que está detrás de todas las historias que triunfan. Lo llamó *La aventura del héroe*[30], aunque es comúnmente conocida como *El viaje del héroe*. Seguro que te suena: una persona normal, con una vida normal y con un trabajo normal (a veces sin él), de repente, y sin ella quererlo ni desearlo, se ve empujada a un reto formidable. Algo que no estaba en sus planes y que, sin embargo, la supera. Como es natural, intenta eludirlo, pero no le sale bien y se ve inmersa en una aventura tan grande y tan importante como jamás pudo soñar. Cuando el asunto comienza a ponerse feo suele hacerse valer de un mentor, alguien que le ayuda en cada uno de sus pasos, a pesar de lo cual todo suele salir mal. En la penúltima secuencia el héroe está a punto de abandonar, o de morir, hasta que, de súbito, saca fuerzas de donde no las hay y triunfa sobre el mal. Y –esto casi nunca se menciona, pero es en realidad lo más importante– vuelve al mundo ordinario, al mundo en el que vivía antes. Solo que ahora es más fuerte, más sabio, o tiene cualquier tipo de recurso o habilidad que antes no poseía.

Ahora mismo te estarás preguntando qué tiene que ver todo esto con el diseño de experiencias. No te preocupes, suele pasar. Un párrafo más y lo tenemos.

---

30 Campbell, 2018.

Verás, la primera clave de esta estructura es que es una narrativa de transformación. Es decir, facilita el que una persona pase de un punto A a un punto B. En otras palabras: que crezca, o que se desarrolle, o que consiga su sueño, o su propósito o como quieras llamarlo. Que, dicho sea de paso, es lo que todos queremos. Y la segunda clave es que, para ello, se vale de un mentor.

Pregunta: ¿quién ha sido siempre el héroe en las narrativas de marca?

Respuesta: la marca.

Lo hemos visto hasta la saciedad: desde la que lava más blanco hasta la que no te abandona, las marcas siempre se han reservado el papel del bueno de la película.

Pregunta: ¿quién debería ser el héroe a partir de ahora?

Respuesta: el cliente.

Una pregunta más: entonces, ¿quién es la marca en esta historia?

Fácil: el mentor.

Cliente junto a su mentora Marca Experiencial.

Sería muy largo explicar por qué se ha producido esta transformación, pero lo resumiremos diciendo que la crisis financiera de 2008 provocó un nuevo tipo de cliente: activo, conectado e informado y con más poder que nunca[31] al que ya no le valían los trucos de siempre. Aquello de «crear necesidades» del viejo marketing de repente quedó obsoleto, porque el cliente había madurado y no era tan fácil convencerlo de que alcanzaría la felicidad bebiendo un líquido azucarado color caramelo, aunque se vistiera al mismísimo Santa Claus con los colores de esa marca. La pandemia de 2020 completó la evolución de ese mismo cliente cuando pudo ver en su televisor a los grandes dirigentes y gobernantes hablando delante de la estantería del salón de su casa, que muchas veces era la misma Billy de Ikea que todos tenemos. Si alguna vez las marcas habían tenido algún ascendente sobre el cliente, este se desvaneció en algún momento entre septiembre de 2008 y la primavera de 2020.

Hoy día es el cliente el que quiere ser el héroe. Y por tanto, el papel que deben jugar las marcas es el de mentor. Es decir, la persona (entidad, en este caso) que le ayuda a conseguir lo que busca. Ten presente que el 72 % de la gente se está preguntando sobre su vida de cara al futuro[32]. Todos tenemos sueños, aspiraciones, buscamos algo en la vida. Pero, a diferencia de lo que ocurría antes de 2008, rara vez ponemos por delante las cosas materiales. En estos últimos años hemos llegado a un pico de materialismo como consecuencia del hartazgo de poseer cosas, al tiempo que las dos grandes crisis recientes nos han hecho reevaluar nuestras prioridades.

---

31   Prahalad & Ramaswamy, 2004.

32   García et al., 2022.

Lo podríamos resumir diciendo que ya no queremos tener, sino que queremos ser. Y buscamos de manera constante a alguien que nos pueda ayudar. Personas, instituciones, empresas, asociaciones y, desde luego, marcas. Por tanto, como marca, si haces sentir a tu cliente como ese héroe que nace de la transformación, lo tendrás a tu lado para siempre.

En el capítulo anterior veíamos el contacto entre una marca y su cliente como un cruce de biografías en el que este podía decidir compartir la suya con la de la marca o no. Lo que ahora queda claro es una posible vía para que ambos relatos se integren en uno: el cliente reflexiona sobre su vida de cara al futuro y se pone en marcha con la esperanza de encontrar un mentor que le ayude en el camino. Ese mentor, si lo hace bien, puede ser la marca. Es quien ayuda al cliente a transformarse y llegar a donde quiere llegar.

Esto se traduce en el siguiente principio: convierte a tu cliente en el héroe[33]. Esta es la base de la conmovedora campaña «Thank You, Mom», que Procter&Gamble ha utilizado en varios juegos olímpicos. La lógica es muy simple: detrás de cada atleta hay una madre que lo ha acompañado desde sus inicios a base de gestos sencillos pero constantes y llenos de amor (ya, ya, también hay un padre, y un amigo de toda la vida y un abuelito, pero ahora estamos con las madres). Y lo que hace la campaña es agradecerles esa labor, convirtiéndolas en héroes. Y, por extensión, a toda madre que se ocupa y preocupa del crecimiento de sus hijos, es decir, a todas ellas. Lo que la campaña viene a decir es: si eres madre, eres una heroína. Si P&G no hubiera incrementado sus ventas entre un 5 y un 20% en los Juegos Olímpicos de Londres[34] podríamos albergar alguna duda acerca de si esta estrategia funciona.

---

33   Swinscoe, 2016, p. 129.

34   Ibid.

Es posible que la marca para la que trabajas no tenga la presencia ni el poderío de Procter&Gamble. A veces pensamos que el diseño de experiencias es solo para grandes compañías, pero esto es un error. Porque para hacer que el cliente se sienta elevado no hacen falta ni inversiones salvajes ni recursos infinitos (acuérdate de Taxi Terry).

Para poner un ejemplo de esto te voy a contar un secreto: me encanta que me vendan bien. Son incontables las veces que he comprado algo solo por cómo me lo estaban vendiendo. Como lo lees. De hecho, para mí la experiencia de compra es uno de los nichos más fascinantes dentro de la experiencia global de cliente.

Cuando yo era joven (físicamente), uno de mis grandes anhelos era tener un coche. En aquella época el referente en el mercado era el Volkswagen Golf, pero era demasiado caro para la mayoría de los que nos estrenábamos en el mundo laboral. Y la mayoría de esa mayoría acabábamos comprando sucedáneos. Eso sí, cuando lo enseñábamos por primera vez siempre decíamos esto: «En realidad, es como un Golf, pero X». «X» sustituye a «más barato», «sin accesorios superfluos», «algo más pequeño», «con una carrocería diferente», y así hasta el infinito. Cada uno inventaba su excusa para justificar por qué no había adquirido el gran objeto de deseo, evitando así decir que no lo podía pagar.

Yo quería un Golf, por supuesto. Pero ni de lejos podía pagarlo. Y no quería comprarlo de segunda mano por si, como se decía entonces, «salía malo». Así que ya estaba resignado. Sin embargo, lo que sí quería es que fuera rojo. El motivo por el que un chaval de veintitantos se muere por los coches de ese color es todavía un misterio no resuelto por la ciencia, pero es un deseo muy real. Y mi problema es que ninguno de los coches que yo podía pagar era rojo de verdad. Los había rojo bermellón, rojo picota, rojo salmón y hasta rojo terracota. Y por supuesto todas las variedades del granate. Pero no el rojo que yo buscaba.

Estaba ya a punto de claudicar cuando llamé a un concesionario de coches japoneses. Comento este detalle porque, en aquel momento, estos automóviles estaban aún entrando en el mercado y eran vistos con cierto recelo por parte de algunos compradores, entre los que yo me incluía. En fin, esto fue lo que ocurrió:

—Hola, estoy buscando un coche de dos volúmenes, de unos cuatro metros. Pero no tengo mucho presupuesto.

—¿Como un Golf?

—Sí, eso es —dije resignado.

—¿Cinco puertas o tres?

—Tres, tres —respondí, reafirmando mi soltería.

—Tengo un modelo que te puede encajar, pero ahora mismo solo me queda uno en el concesionario.

—¿De qué color es?

—Rojo.

—¿Qué tipo de rojo?

—Rojo Ferrari.

—Resérvamelo. Voy para allá.

Y lo compré, claro. Como es natural, el coche entraba en mi presupuesto y era un buen coche. De otro modo no lo hubiera comprado. Pero no fue ninguna de esas dos cosas la que me hizo decidirme. Fue una sola palabra: Ferrari. Dudo mucho que a estas alturas de mi vida, aunque tuviera todo el dinero del mundo, quisiera comprarme un coche deportivo de esa gama. Creo que más bien optaría por una vieja F100 de los años 50. Pero en aquel momento aquella palabra cambió mi mirada y provocó el que accediera a encadenarme a un préstamo durante cinco años. Feliz de, al menos, conducir un coche del color que yo quería.

Recuerda: el cliente es el héroe de tu película. Puede buscar estatus, paz, reconocimiento, seguridad y mil sensaciones más. Si las conoces y activas puedes generar experiencias extraordinarias, de las que se cuentan muchas veces (como yo he contado esta). Y muchas de ellas tienen que ver con escoger las palabras adecuadas.

Llegados a este punto, me falta un pequeño detalle, aunque, si lo pienso bien, en realidad es un gran detalle. Porque es un detalle importante.

Verás: al comienzo te decía que hablaras claro y que fueras al grano. Sin embargo, después de haberte expuesto lo que de verdad debería ser el *storytelling*, creo que es evidente que claro y al grano no significa ni plano ni carente de emoción. La épica es importante. Escribir bellamente es importante. Si ambas afirmaciones te parecen contradictorias o necesitas algún ejemplo de cómo es una comunicación diáfana, y sin embargo preciosa, no tienes más que abrir cualquier libro de buena poesía. De Lorca o de Dickinson, por ejemplo.

Considera ahora esto: más arriba te comentaba que llegar al *insight* del cliente es llegar a la verdad de la condición humana. Y ahora te estoy proponiendo que reveles tu identidad bellamente. Ninguna de las dos afirmaciones es trivial. Desde los griegos la verdad y la belleza han sido dos de los tres valores de la humanidad (el otro es la bondad, al que quizá algún día debería dedicarle un libro). El resumen de todo esto es que el enfoque que yo mantengo sobre el diseño de experiencias tiene que ver poco con encender una barrita de incienso, sonreír al cliente, llamarlo por su nombre u ofrecerle un café. Está conectado con lo que somos como humanidad y alude a nuestros valores más profundos. Y eso no tiene que ver con una moda pasajera, ni con llamar con otro nombre a lo de siempre ni con nada que remotamente se le parezca. Tiene que ver con ocupar un papel relevante en el universo. Este y no otro es el motivo profundo por el que en su día abracé esta disciplina y, desde luego, te animo a hacer lo mismo.

Marca Experiencial escribiendo sus textos.

Mira, tu cliente vive todos los días una batalla de la que eres, como marca, escasamente consciente. Si buscas en esa épica del ser tu papel como mentor, y tienes la fortuna de encontrarlo, no la malogres con trivialidades ni palabras de a céntimo. Viste tus mensajes como tu cliente se viste cada mañana para librar su particular contienda. Porque hoy día, como ha ocurrido a lo largo de generaciones, la belleza de las palabras es importante.

De hecho, yendo más allá, puede ocurrir lo contrario: que hasta las más bellas palabras se pueden usar mal. Aunque eso es otra historia. Una historia de la que, precisamente, hablaremos en el capítulo siguiente.

9. POR QUÉ TODAS LAS DECLARACIONES DE AMOR DEL CINE ESTÁN MAL HECHAS

Hemos comenzado este libro hablando de enamorarse. Sobre todo porque tenía que quedar claro desde el primer momento que el eje fundamental del diseño de experiencias son las emociones. Aunque, en realidad, la metáfora da para mucho más.

No hace falta ser un lince para comprender que entre una marca y un cliente ocurre un intercambio comunicativo basado en la seducción. La marca intenta por todos los medios (sí, incluso a veces de manera torpe y zafia), que el cliente se fije en ella para iniciar un camino juntos. Y lo que ocurre, desde el punto de vista del diseño de experiencias, es que muchos de esos mensajes están mal construidos. Tanto que están montados al revés. Y el motivo, sospecho, es que nuestra gran escuela del amor, por motivos que no acierto a entender, es defectuosa.

Veamos: ¿dónde hemos aprendido todos cómo son las historias de amor? Pues algunas personas en las novelas, pero la mayoría ha sido en el cine. El cine ha sido, sobre todo durante nuestra adolescencia, la gran escuela del amor. Una escuela que nos ha enseñado mal. Para constatar este insólito hecho, analicemos algunos ejemplos.

Escena 1. *Cuando Harry encontró a Sally*[35]. Sí, esa película que pasó a la fama porque la protagonista finge un orgasmo en medio de un restaurante. Al final de la cinta, él se dirige a ella y le dice:

«He venido aquí esta noche porque cuando te das cuenta de que quieres pasar el resto de tu vida con alguien, deseas que el resto de tu vida empiece lo antes posible».

Y lo sorprendente, digo yo, es que acaben juntos. Porque esto no es una declaración de amor, sino una muestra de egocentrismo. Si te das cuenta, la necesidad nace de él. Él es el que quiere pasar el resto de su vida con ella. Y lo que le dice es que, como él tiene esa necesidad, ella debe satisfacerla y quedarse a su lado. Para que él sea feliz.

Ahora piensa como marca: ¿crees que algún cliente se iría contigo porque le digas, por ejemplo, que has nacido para hacer lo que haces? ¿Qué es tu vocación más profunda? ¿Qué no sabes hacer otra cosa? Pues esto, si observas bien, se hace. Y mucho.

Escena 2. *Y entonces llegó ella*[36]. Él es un actuario hipocondríaco que conoce a una chica caótica y se enamora de ella. Y, de nuevo, en la secuencia final, le dice:

«Desde que hemos estado juntos me he sentido más incómodo, fuera de lugar, avergonzado y físicamente enfermo que en toda mi vida. Pero no podría haberlo aguantado si no estuviera enamorado de ti».

---

35 Reiner, 1989.
36 Hamburg, 2004.

Como puedes comprobar, lo que este chico necesita no es una pareja, sino un ansiolítico. Porque, de nuevo, es su necesidad lo que él plantea como eje de su equivocada declaración de amor. Y esto, por raro que nos parezca si lo miramos así, es algo que también se hace: decirle al cliente que él es una pieza fundamental en la misión de esa compañía. Error.

Escena 3. *Dirty Dancing*[37]. La catedral del amor. Posiblemente la cinta más romántica jamás concebida y donde muchos adolescentes aprendieron sus primeras palabras sobre la seducción. Analicemos el momento en el que ella se declara:

«¿A mí? ¡A mí me da miedo todo! Me da miedo lo que vi. Me da miedo lo que hice. Quien soy. Y especialmente tengo miedo de salir de este cuarto y no volver a sentir en toda mi vida lo que siento estando contigo».

Preciosas palabras, ¿verdad? Pero de nuevo mal orientadas. Porque esto no es una declaración de amor, sino una de dependencia. Como marca, dependemos de lo que el cliente haga, diga, piense, sienta e incluso de cómo respire. O sea, todo mal.

Creo que todos, desde muy niños, aprendimos la diferencia entre continente y contenido. Entre forma y fondo. Y creo que queda claro que el continente y la forma pueden ser extraordinarios, pero si el contenido o el fondo no responde a lo que queremos, no funcionará.

---

37   Ardolino, 1987.

Marca Gris aprendiendo del cine.

Veamos ahora cómo se hace una declaración de amor (al cliente) bien hecha. Lo primero, casi lo único, es tener en cuenta cuál es el valor que el cliente va a obtener en su relación con nosotros. Es decir, qué valor le vamos a entregar a cambio del que nos entregará él (tiempo, dinero o esfuerzo).

Y esto vale para un *tagline*, un *claim*, un *slogan* y, en general, para cualquier frasecita hecha con intención de ligarnos al cliente. Por tanto, quedan descartadas declaraciones de amor basadas en:

1. Lo que somos. El cliente no te quiere solo por existir.

2. Desde cuándo existimos. La frontera entre «tradicional» y «rancio» es muy pequeña.

3. Lo que hemos logrado, lo grandes que somos y similares. Al cliente contemporáneo le estomagan los excesos de testosterona.

4. Lo simpáticos que somos. Esto vale para un rato, pero no para una relación seria.

5. Lo transgresores que somos. Lo mismo: interesante para conocernos, pero no para darnos la mano mirando al horizonte al anochecer.

En resumen: como marca, deja de hablar de ti. Al cliente no le interesas. Le interesa lo que puede lograr a tu lado. Lo que va a ganar contigo. El valor que se va a llevar por depositar en ti su confianza.

Y, por supuesto, háblale a él. De tú, porque la conversación es entre vosotros dos. El mayor error que se suele cometer es hablar en primera persona del plural, cuando lo propio es hacerlo en segunda del singular.

Muchas veces cuando cuento estas cosas, los participantes en mis talleres me piden ejemplos. Pero no suelo darlos. El motivo es que los ejemplos condicionan. Moldean la mente de las personas. Si yo te digo que este o aquel es un buen ejemplo de lo que sea, tu mente comenzará inmediatamente a producir pequeños clones de lo que yo te haya dicho. Y eso no es bueno.

A pesar de todo, sin embargo, hay quien insiste. Y yo, dependiendo del día que tenga, cedo y pongo dos. Como hoy me he levantado de buen humor, los voy a comentar. Son dos *claims* muy conocidos aunque, a mi modo de ver, siguen sin ser superados. El primero es el célebre *Think Different* («piensa diferente») de Apple en 1997 y el segundo el famosísimo *Just Do It* («solo hazlo») de Nike en 1988.

Estas dos maravillas cumplen los tres criterios de mi modelo BIC (sí, como los bolis) de análisis de *claims*, que es como un test que utilizo para saber si estas expresiones están bien construidas.

Brevedad. Uno tiene dos palabras y el otro solo tres. Catorce caracteres en el primer caso y tan solo ocho en el segundo. Difícil decir más con menos.

Inspiración. Los dos son aspiracionales. Un *claim* debe elevar la mirada del que lee. No olvidemos que el cliente es el héroe y hay que acompañarlo en su camino hacia la gesta más importante de su vida.

Cliente. Están centrados en el cliente. Le hablan de tú a tú, de piel a piel. Y la marca no aparece por ningún lado. Esto puede ser difícil de aceptar, pero es lo que causa el mayor efecto. Porque no se trata de ti, como marca. Se trata de él, de tu cliente. Si, de verdad, te crees que él es el protagonista, aparca fuera tu orgullo, tus necesidades, tus complejos y todo tu lenguaje interno y háblale a él con el sincero anhelo de acompañarlo a donde sea que quiera ir.

Te propongo que, ahora que conoces estas claves, entres en Internet, o leas un periódico, o veas la tele. Te va a sorprender la cantidad de marcas que hay que siguen hablando de sí mismas esperando que el cliente quede fascinado y se vaya con ellas, incluso sin saber qué hay ahí para él. Eso sí, a veces con frases muy bonitas. Pero desde ahora sabemos que no solo hay que escribir bellamente. También hay que saber decir lo que hay que decir. Nos jugamos la vida en ello. Es decir, la cuenta de resultados.

Marca Expriencial lo ha entendido.

10. QUÉ FUE ANTES, ¿LA GALLINA O EL CLIENTE?

Antes de hablar del cliente voy a lanzar un mensaje a los extremistas: muy a menudo se invalida cualquier planteamiento solo porque no nace del cliente. Hace tan solo unas cuantas décadas el cliente era un ingenuo pelele al que se le podían crear necesidades. Nada menos. Luego alguien pensó que era mucho mejor saber lo que quería y dárselo, en lugar de dedicarse a inventar la rueda. Y de ahí nació el *customer centricity* y todos sus sucedáneos. Y, una vez que el cliente estuvo allí, en el mismito centro de todas nuestras aspiraciones, nos pusimos una correa alrededor del cuello, cual perrito de paseo, y cada vez que el cliente tira de la cuerda nosotros levantamos el rabo.

Cliente paseando a su nuevo perrete «Marquigris».

Digámoslo claro: el cliente no es el rey de nada ni está en el centro de ninguna parte. Es un igual: alguien que busca algo, de la misma manera que nosotros mismos lo buscamos. En eso precisamente consiste el concepto de co-creación. Y, por este motivo es tan importante saber quién es él y qué necesita como saber quiénes somos nosotros y qué ofrecemos. Porque el verdadero valor se crea cuando una persona encuentra una marca que ofrece lo que ella busca y surge un intercambio que resulta ser positivo y constructivo para ambas. Si comprendiéramos esta sencilla idea quizá podríamos comenzar a establecer relaciones menos infantiles y más adultas, menos pasivo-agresivas y más maduras con nuestros clientes. Por tanto, averiguar qué viene antes, si la marca o el cliente, sería como plantearnos quién apareció primero, si la gallina o el huevo.

Analicemos por un momento estos dos extremos: por un lado, si solo hacemos caso a lo que el cliente pide, nos diluiremos como marca, porque solo existiremos para satisfacer las peticiones (a veces caprichosas y erráticas), de un grupo de personas a las que hemos decidido hacer caso.

Por el contrario, si solo damos valor a lo que somos (cuántos errores se han cometido por este motivo, como te contaba en el capítulo anterior), puede llegar un momento en el que tengamos una marca muy pura, de gran pedigrí, pero que no compra nadie.

¿Cómo establecer el punto medio?

Antes de aclarar este asunto conviene recordar la historia de Henry Ford y su famoso Modelo T. Seguro que la conoces, pero espero poder ofrecerte algún matiz interesante.

A Henry Ford se le atribuyen dos frases célebres, una quizá falsa y otra con seguridad cierta. La primera es esta: «*Si hubiera preguntado a mis clientes qué es lo que necesitaban, me hubieran dicho que un caballo más rápido*». Dicho en otras palabras, escuchar al cliente es innecesario, porque el cliente no sabe lo que quiere. Nadie suspiraba por tener Internet en los años 50, de la misma manera que nadie suspiraba por un teléfono móvil en los 80.

Este argumento parece soportar uno de los dos extremos que comentaba antes: seamos lo que somos y como somos, vendamos lo que vendemos y punto. Alguien habrá que lo compre. En la historia de Ford esta posición parece ser sólida puesto que hay cifras que la avalan: de 10.000 automóviles fabricados en 1908 se llegó a rondar el millón de unidades hacia 1920[38].

La otra frase famosa de Ford es esta: «*Un cliente puede tener su automóvil del color que desee, siempre y cuando sea negro*»[39]. Según parece, aunque al comienzo probaron otros colores, se decantaron por el negro porque, esto es importante, secaba más rápido y eso aceleraba la producción. Digo que es importante porque aquí es donde se pasaron de frenada, nunca mejor dicho. Al aplicar un criterio interno (la productividad) a algo que tenía que encontrar acomodo en un cliente externo, fallaron el tiro. En 1921 Ford vendía dos tercios de los coches que se fabricaban en Estados Unidos, para 1926 ese porcentaje cayó a un tercio, y en 1927 su cuota de mercado era de tan solo el 15 %[40].

Los extremos, como vemos, son malos.

---

38 Vlaskovits, 2011.

39 Ford & Crowther, 1922, p. 72.

40 Vlaskovits, 2011.

Pero el otro polo, existir solo por y para el cliente y hacer solo lo que el cliente ordene y cuando el cliente quiera, no es mejor. No solo porque la identidad de la marca queda diluida (y la indiferenciación, como sabemos desde Porter, obliga al peligrosísimo juego de competir en precio, erosionando con ello nuestra cuenta de resultados), sino porque puede acarrear importantes costes operativos. Pensemos, por ejemplo, en lo que ocurriría si un hotel intentase satisfacer los antojos de todos y cada uno sus los clientes. Y pensemos, también, que el cliente a veces acierta pero también se equivoca, exactamente igual que las marcas (un ejemplo de esto es la cerril adhesión al *fast fashion* por ambas partes, hoy considerada uno de los mayores desastres ecológicos del planeta).

La personalidad sorda no funciona, pero tampoco la escucha fanática.

Para zanjar este tema diré que, para mí, existen dos tipos de escucha: la de ciclo largo y la de ciclo corto. Esta última es la que llevan a cabo algunas compañías cuando lanzan una encuesta y al minuto siguiente se ponen a ejecutar lo que esta parece concluir. Esta táctica puede aportar algún beneficio inmediato, pero con el tiempo se vuelve insostenible, como acabamos de ver.

La escucha de ciclo largo es la que de verdad interesa. En este tipo de escucha no atendemos únicamente a lo que dice el cliente, sino a por qué lo dice (que, como estamos a punto de ver, constituye la madre de la generación de valor, y casi también el padre). En otras palabras, intentamos comprender al cliente de manera profunda. Y luego actuamos en consecuencia. El mejor ejemplo de este tipo de escucha es el iPhone, sin duda. Como todo el mundo lo conoce y es consciente de sus masivas y continuadas ventas a lo largo de varias décadas, no entraré en detalles.

Pero incluso en ese caso, en el de la escucha de ciclo largo, hay que arrancar de un punto de partida, sobre todo cuando estamos creando una marca nueva. La pregunta es: ¿nos constituimos primero como marca y luego escuchamos –largamente– al cliente? ¿O escuchamos primero y lanzamos algo que encuentre eco en lo que nos dice?

Pues bien: mi postura siempre, siempre, es que hay que partir de la marca. Luego ya escucharemos. Y a continuación intentaremos comprender. Y desde luego que pivotaremos o nos acomodaremos. Y todo eso. Pero siempre desde una identidad. Desde un quién. Por eso este libro ha comenzado con la identidad de marca. Y una vez que está definida, que sabemos quiénes somos, saldremos al encuentro del cliente. En el próximo capítulo, precisamente.

Quizá es un tema visceral, pero no aguanto las marcas sin identidad, marcas indefinidas y amorfas que son tan peleles como antes pensaban que eran sus clientes. Y menos soporto a directivos que se convierten en perrillos falderos de sus clientes, jadeando y revolcándose por el suelo cada vez que estos hacen cualquier mohín. Aunque quizá lo que me trastorna de verdad son esas marcas, y tengo muchos ejemplos, que afirman con la rotundidad de un mal político haber puesto al cliente en el centro y luego lo incumplen a cada paso que dan.

En fin, yo siempre he pensado que, en el mundo de los negocios, como en la vida, hay que tener personalidad. Y que, como decía un amigo norirlandés que tuve en mi época viajera, lo que quiera que hagamos en la vida, hay que hacerlo con estilo. Con lo que la primera pregunta es, claro, cuál es nuestro estilo. Como espero que eso haya quedado claro en la primera parte de este libro, ahora podemos ya salir al encuentro de nuestro cliente para descubrir una de las claves más fascinantes de la creación de valor: su verdad.

Marca Experiencial derrochando estilo.

11. TERRITORIO «INSIGHT»: DONDE EL VALOR NACE

A veces pienso que la empresa es como un gran arcón congelador de esos que utilizan los asesinos en serie para guardar los cadáveres. Me explico: uno compra cualquier tipo de comida fresca, unos espárragos o un muslo de pollo. Y luego lo mete en el arcón congelador. Y a las pocas horas ya está duro como una piedra. Ha perdido su flexibilidad y su color, y es insípido de lo frío que está. Pues así es la empresa: un arcón congelador que a base de procesos y políticas internas acaba quitándole la frescura a cualquier cosa. La frescura y el sentido.

Por ejemplo, desde hace algunos años vengo mostrando una cierta incomodidad por cómo se va desenvolviendo nuestra vida entre plantillas. No sé ni cómo ni cuándo comenzó esto, pero, de un tiempo a esta parte, creo que no sabemos hacer nada sin la herramienta más revolucionaria que ha creado la innovación corporativa hasta el momento: el *post-it*. Es broma, claro.

Pero lo cierto es que aquellas herramientas que en su momento aparecieron como una promesa de renovación (con el *design thinking* a la cabeza) hoy se han convertido, por efecto del arcón congelador, en poco más que un puñado de lugares comunes y palabras desprovistas de color.

He visto mapas de empatía que confundían más que aclaraban y arquetipos de cliente que, de tanto detalle, apuntaban en todas las direcciones, como la rosa de los vientos. Recuerdo que en una sesión de trabajo un grupo estaba trabajando con uno de ellos, con el fin de utilizarlo en una representación tridimensional de una sala de espera para cierto negocio. El caso es que veo que de las paredes cuelgan unos objetos con forma de elipse estirada que habían pintado de vivos colores.

—¿Qué es eso? —pregunté yo.

—Tablas de surf —contestaron ellos.

—¿Y por qué habéis decidido poner algo tan específico en la sala de espera?

—Para hacer sentir bien al cliente.

—¿Y por qué pensáis que al cliente le gustará?

—Porque le gusta el surf.

—Y... ¿cómo lo sabéis?

—Lo dice el arquetipo.

—...

No tengo nada contra los mapas de empatía ni contra los arquetipos. Muy al contrario, considero que han sido ayudas gráficas muy relevantes en nuestro camino hacia el descubrimiento del cliente. Yo diría decisivas, quizá sobre todo el mapa de empatía. Sin embargo, llevo muchos años observando el trabajo que se hace con estos instrumentos y he llegado a la conclusión de que, si se carece de experiencia, sus resultados son a menudo dudosos. Sobre todo porque entran a un nivel de detalle que muy pocas compañías pueden soportar con datos.

Pero, sobre todo, creo que la aparente simplicidad de estas plantillas, de nuevo, si se carece de experiencia, hace que se oculte su objetivo más importante, que no es jugar a inventarse clientes que no existen, sino extraer datos relevantes para el diseño.

Y lo más relevante para el diseño no es otra cosa que la búsqueda de la verdad.

Marca Gris relacionándose con su cliente inventado.

Decía Byung-Chul Han que «la verdad es un fenómeno relacional. Provoca consensos por todos lados»[41]. Por tanto, si uno quiere vender cualquier cosa a muchas personas, lo primero que tiene que encontrar es algo en lo que todas ellas están de acuerdo, es decir, un consenso. Y eso es lo que, en el mundo de la experiencia de cliente y del *marketing*, llamamos *insight*, es decir, una verdad revelada con la que mucha gente se identifica porque alude a la más elemental condición

---

41   Han, 2023, p. 20.

humana. Cuando observamos cualquier creación basada en un *insight* enseguida nos vemos reflejados porque nos apela a nosotros, a lo que somos bajo la máscara. Y eso nos hace experimentar una profunda vivencia de pertenencia, nos hace experimentar los lazos que compartimos con el resto de seres humanos con los que compartimos el planeta.

Debido a ello, el objetivo último de todos estos ejercicios es encontrar esa verdad del cliente. Profundizar hasta hallar qué es lo verdadero para él y para los que son como él. No se trata tanto de un ejercicio de empatía, es decir, de sentir como siente el otro, lo cual ya estaría muy bien, sino de averiguar los sentimientos, actitudes, comportamientos o conceptos que son constitutivos de su vida y condición. Teniendo en cuenta que muchos de ellos no serán ni siquiera conscientes y habrá que desenterrarlos como si fueran fósiles.

La búsqueda del *insight* es, por tanto, la búsqueda de la verdad. Nada más y nada menos. Por eso, como decía Paul Laughlin, no es suficiente saber cómo se comporta el cliente; es necesario saber por qué[42]. Solo si conocemos ese porqué estaremos en condiciones de acceder a su verdad. Una verdad que genere un consenso tan grande que podamos apoyar en él la adhesión a nuestra marca.

Podríamos resumir todo esto diciendo que las experiencias de verdad son las experiencias basadas en la verdad sobre la condición humana. Y no, esta vez tampoco es un juego de palabras.

Llegados a este punto es importante darse cuenta del giro de ciento ochenta grados que ha dado la generación de valor en los últimos años: antes se trataba de inventarse algo, lo que

---

42   Laughlin, 2014.

fuera, y de convencer al cliente de que eso era imprescindible en su vida. El objetivo ahora es el contrario: averiguar algo que, de suyo, existe porque es natural y verdadero en las personas, y recorrer el camino al revés, es decir, diseñarlo para él. Por eso decía Steve Jobs que «uno debe comenzar con la experiencia del cliente y trabajar hacia atrás, hacia la tecnología, y no al revés»[43]. Donde pone «tecnología» cada uno tendríamos que escribir el *core business* de nuestro negocio.

Como es obvio, cuanto más grande se pretende que sea el consenso más complicado se vuelve el ejercicio. Pero nunca será tan difícil como intentar persuadir al cliente de que compre algo que, en el fondo, no necesita. Este tipo de acciones, por fortuna cada vez menos frecuentes, son las que han dado al ejercicio de la venta la mala fama que tiene. Y por eso muchos de nosotros, cuando se nos pregunta que imaginemos a un vendedor, pensamos en el clásico compraventa estadounidense con americana gris, sombrero y mirada de caimán, rodeado por un mar de coches con los precios en pintura blanca marcados en las lunas, bajo un techo de banderines que ondean nerviosos esperando que entre algún incauto con efectivo en el bolsillo. En resumen, la mala costumbre de vender al cliente algo que no necesita ha derivado en la idea de que vender es una mala costumbre. Cuando, realmente, vender es algo tan consustancial a la vida como comprar. Porque ambas son las dos caras de una misma moneda, algo tan importante como el intercambio de valor entre seres humanos. Un fenómeno que existe casi desde que Lucy se bajó de los árboles.

---

43 Bariso, 2017.

El estilo de venta Marca Gris.

Para encontrar la verdad del cliente se pueden usar muchos métodos, entre ellos los que he comentado al comienzo del capítulo. El que yo utilizo es bastante sencillo y se basa en una serie de preguntas que he ido recopilando de aquí y de allá y perfeccionando con la práctica.

Sí, para mí es tan sencillo como eso: hacerse preguntas.

Allá vamos:

1. **¿Qué le gustaría lograr a tu cliente?** Imagínate que tu cliente es un personaje de una obra de teatro. Todos los personajes de una obra de teatro tienen una intención. Algo que quieren lograr. Pues bien, a tu cliente le pasa lo mismo. Quiere algo. Conseguir algo para sí mismo, ir de un punto A a un punto B, mejorar, desarrollarse o lo que sea. Esta sería nuestra primera pregunta y la más importante. Porque ya hemos dicho antes que la mejor manera de engranar nuestra narrativa con la suya es situarlo dentro de su particular reto.

2. **¿Qué quiere evitar tu cliente?** En el teatro, y en casi todas las narrativas bien elaboradas, el personaje (en muchos casos el héroe) no puede conseguir lo que quiere porque algo se lo impide. Una bruja, un abismo insalvable o una carta de Hacienda. Como es lógico, a nuestro personaje le podemos apoyar de dos maneras: o ayudándolo a lograr lo que quiere (punto 1) o quitándole obstáculos de en medio.

3. **¿Cómo habla tu cliente?** Esto para mí es importantísimo. Ya he hablado más arriba de las incongruencias que se producen cuando intentamos colocarle al cliente nuestro lenguaje interno. En una ocasión dirigí una investigación[44] sobre voz de cliente en alta gastronomía (en concreto, restaurantes con estrella Michelín). Entre otras cosas buscábamos cuáles eran los diez términos más utilizados por los clientes de este tipo de establecimientos. Y lo que encontramos fue sorprendente. Por ejemplo, la industria en este sector suele utilizar la palabra «producto». De hecho, se usa tanto que hasta se habla de «restaurantes de producto», queriendo indicar que basan su oferta en utilizar los mejores productos en cada temporada. Pues bien: ninguna de las diez palabras más elegidas por los clientes era «producto». Esto quiere decir, ni más ni menos, que la marca está hablando un lenguaje diferente al que habla el cliente, con lo que se está perdiendo una oportunidad de comunicarse con él de manera directa. Ya, ya sé que se ha dicho que una de las claves del éxito planetario de empresas como Starbucks fue educar a sus clientes en su propio vocabulario (decir *macchiato* en lugar de «cortado»). Y también podríamos citar el ejemplo de Apple, quizá la primera marca que comenzó a hablar de *apps*, un término que hoy usa todo el mun-

---

44   Alcoba et al., 2020.

do. Pero a mí me parece una estrategia delicada, además de arriesgada. En otras palabras: si tienes en tu compañía mucho dinero y talento para hacer algo así, adelante. Pero si no es el caso, yo de ti comenzaría a analizar cómo habla tu cliente y a adaptar tu lenguaje al suyo. Llegarás a él antes y además te saldrá más barato. Y, por supuesto, como decíamos más arriba, habla claro, ve al grano, no olvides la belleza de las palabras y centra tu declaración de amor en él.

4. **¿Qué rituales llevan a cabo tus clientes?** En muchas ocasiones la utilización de un producto o servicio conlleva la ejecución de un ritual, es decir, una acción o conjunto de ellas que se despliegan cuando el cliente los utiliza. Como ejemplo citaré un estudio[45] que se realizó sobre la utilización del maquillaje. Resulta que hay dos variables que determinan la tipología de clienta en relación con este producto. Estas dos variables son la frecuencia de uso y la cantidad de maquillaje. En la investigación, a las que usaban poco maquillaje las llamaban *habituales* si lo usaban a diario y *evitadoras* si apenas lo utilizaban. Y, por otro lado, designaban como *devotas* a las que usaban más maquillaje muy a menudo y *creativas* si también utilizaban mucho maquillaje aunque solo fuera ocasionalmente. En otras palabras: en el diseño de experiencias es crucial conocer cómo nuestro cliente se comporta de hecho respecto a los productos o servicios que hay en nuestro sector, porque en ello podemos apoyar nuestro diseño.

5. **¿Qué haría disfrutar a tu cliente?** Uno de los aspectos que a menudo se olvida es que la risa es importante. Tal vez si no se hubiera perdido el segundo libro de *La*

---

45 Fabricant & Gould, 1993.

Poética de Aristóteles, dedicado a la comedia, tendríamos una mayor devoción al humor y menos a la solemnidad y el drama. Y esto es algo que muy pocas empresas (salvo las que se dirigen al público infantil) saben hacer bien: ser divertidas (cuando hay que serlo, claro).

6. (Opcional) **¿Existe alguna tribu identificable a la que pertenezca tu cliente en relación con tu sector?** Esta pregunta es opcional porque no en todos los casos existe una comunidad en torno a un producto, servicio o experiencia. Es decir un grupo identificado (o autoidentificado) que comparte una misma identidad a través del uso de determinadas marcas. En el sector de la gastronomía, por ejemplo, existen los llamados *foodies* o comidistas (o cocinillas, en castellano de andar por casa), es decir, personas que tienen un interés más acusado que los demás en la comida y la bebida. El motivo por el que esto es interesante es que, si existe una tribu, existirán de suyo unos rituales, un lenguaje y un sentido de pertenencia que puede resultarnos muy útil conocer.

Estas 5+1 preguntas, contestadas de manera profunda y con datos reales, definen un territorio que yo llamo «territorio *insight*». Es decir, el lugar donde deberíamos encontrar esos amplios consensos que buscamos.

Si te das cuenta, las cuatro primeras tienen un evidente calado narrativo. Por un lado, es como si hiciéramos un cruce que salvara la fundamental dificultad que tiene a menudo el *storytelling*, y es su desconexión respecto a la narrativa vital del cliente. Y por otro lado también superamos un problema frecuente de las acciones basadas en *insights*, y es que se quedan en lo instrumental u operativo. Es decir, les falta épica.

Además, incorporamos algo de un valor incalculable, que es la manera particular de expresarse del cliente, con lo que entramos en su universo semántico, abandonando nuestro lenguaje interno y pasando a hablar como él. Y no solo eso, sino que ahondamos en la articulación de sus hábitos, rutinas y costumbres. Además, apostamos también por una clave casi imprescindible hoy día, como es el entretenimiento. Y por último, y en el caso de que exista, profundizamos también en la comunidad a la que pertenece el cliente hacia el que nos dirigimos. Y todo ello con un esquema mucho más simple y más práctico que las consabidas plantillas, al menos en mi experiencia.

Marca Experiencial explorando el territorio *insight.*

Dicho todo esto, quiero añadir algo más. Estas preguntas te habrán parecido pasables, interesantes o excepcionales. Pero eso no es lo importante. Quiero decir, no pretendo que las adoptes como propias ni que te creas que te van a resolver todos tus problemas de diseño, o que tu empresa va a multiplicar su valor por dos por el hecho de que las uses. Sobre todo porque no son tus preguntas, sino las mías.

Lo que quiero decir es que un error muy grande que he visto varias veces en el mundillo de la experiencia de cliente (bueno, en el mundillo de la empresa en general) es confundir el instrumento con la finalidad. Instrumentos hay muchos, algunos mejores que otros. Pero la finalidad es otra cosa, es nuestro auténtico rumbo, lo que siempre debemos tener presente. Y cada vez que convertimos una ayuda (esta o cualquier otra) en un paradigma inamovible estamos confundiendo instrumento con finalidad. Hoy esta es mi lista de preguntas y mañana podría ser otra. Y puede que pasado mañana ya no las use, porque usaré otras, o encontraré otra manera de levantar *insights*.

Por extraño que parezca, mucha gente que usa *post-its* para estas labores no entiende que el motivo fundamental por el que se usan es que, durante el proceso de indagación, se pueden despegar y volver a pegar muchas veces (en general tantas más cuanto más hayas pagado por ellos). Porque la esencia del pensamiento es ser dinámico, y porque una marca debería ser infatigable en cuanto a la búsqueda de la verdad. Sin embargo, demasiado a menudo sigo viendo oficinas con *post-its* acartonados y despintados, aún pegados sobre una pared desde el día en que alguien decidió «innovar» aplicando una de estas «herramientas».

En fin, ahora que ya tenemos claro que la marca existe antes que el cliente, y que ya lo conocemos, es hora de ponernos en marcha, es decir, de darle movimiento a todo esto. Para lo cual, como casi todo el mundo sabe, es fundamental un instrumento llamado *customer journey*.

¿O no?

12. ¿PARA QUÉ SIRVE UN «CUSTOMER JOURNEY»?

La empresa debería ser un lugar de experimentación y desarrollo, o sea, de innovación. A veces tengo la sensación de que hemos pasado de cazadores (de oportunidades) a ganaderos (de clientes). Nos aventuramos poco, somos apenas rupturistas y, casi siempre, escasamente conscientes de que las consultoras trasladan ventaja competitiva de unos negocios a otros, haciéndonos a todos similares.

Y al otro lado de la calle hay un cliente con ganas de vivir experiencias preguntándose por qué debe gastar su dinero en una marca, en otra, o en ninguna, y ahorrar para su jubilación. Yo recomiendo pasarse de vez en cuando por las famosas «50 frases que matan la creatividad» de Dave Dufour[46] para constatar hasta qué punto nuestras excusas inmovilistas ya eran habituales hace décadas. Por ejemplo lo de «eso no funcionará aquí, nuestro sector es diferente», lo de «si no está roto no lo arregles» o el definitivo «hagamos una comisión», una frase con potencial de abortar cualquier iniciativa, por apetecible y facilona que sea.

Y, en las ocasiones en las que los astros se alinean, es decir, las pocas en las que nos sentimos aventureros, lo que hacemos es esto: detectamos una tendencia, hacemos un esfuerzo ímprobo para incorporarla y, una vez que la tenemos lista, la metemos en el arcón congelador, donde pierde su olor, su sabor y su frescura. Así ha ocurrido con el viejo DAFO, con el *design thinking*, con el modelo Canvas de generación de

---

46   Dufour, s. f.

modelos de negocio y, me temo, podría llegar a ocurrir con el *customer journey*, al igual que con los arquetipos y los mapas de empatía.

Una gran verdad sobre la creación de valor es que el cliente jamás interacciona con el presidente de una compañía, ni con la directora de marketing o el jefe de operaciones. Una buena parte de la plantilla de una organización trabaja en un despacho frente a un ordenador sin tener jamás contacto con ninguno de sus clientes. Es más: en muchos casos no los tienen presentes y, cuando tienen que considerarlos por el motivo que sea, se los tienen que imaginar, porque no los conocen. Esto lleva a que los clientes sean una entelequia sobre la que se podría afirmar algo parecido a lo que el genial Dan Ariely decía sobre el *big data*[47], es decir, podríamos decir que, en una organización, los clientes son como el sexo en la adolescencia: todo el mundo habla de ellos, nadie sabe realmente cómo son, todo el mundo piensa que los demás los conocen, así que todo el mundo afirma que los conoce.

El gran avance del *customer journey* fue precisamente poner el foco en las interacciones con el cliente y solo en ellas. Porque es donde la marca se la juega de verdad. Es decir, es donde surge la magia, o no surge. Y, una vez trazados esos puntos de contacto, reflexionar sobre la vivencia emocional del cliente en cada uno de ellos, en general incluyendo una visión sobre cómo ocurre en la actualidad (*as is*) y sobre cómo debería ser (*to be*). Esto dibuja una preciosa línea sobre un eje de coordenadas, con sus valles y cimas, cuyo propósito es servir de hoja de ruta. No para el cliente, que también, sino para que las compañías hagan más experienciales esos momentos en los que el cliente entra en contacto con la marca.

---

47 Davis, 2014.

Y lo que ha ocurrido en muchos sitios es que los fabricantes de cuadrículas, los febriles amantes de los protocolos y procedimientos, los metodólogos de todo pelo y condición, los control *freaks* y, en general, los limpitos, peinaditos y organizaditos, han visto en el *customer journey* una forma de ordenar («por fin») la empresa. Y por eso algunos lo confunden con un proceso, con la cadena de valor o, peor, como a veces ocurre en el sector de la gastronomía, con la secuencia de servicio. Es decir, lo han elaborado, pero luego lo han mandado al arcón de los congelados.

Yo he conocido *customer journeys* trazados con la complejidad y la belleza de una catedral gótica que, sin embargo, no servían para ninguna otra cosa que para que la empresa pudiera afirmar con rotundidad que ya había entrado en la modernidad. También los he conocido mucho menos barrocos pero igualmente ineficientes. Así es a veces la vida en las organizaciones.

Marca Gris mostrando con orgullo su *customer journey* catedralicio.

De todas formas, antes de que acabe aparentando lo que no soy y se enfaden conmigo los buenos amigos que tengo en el mundo de la experiencia de cliente, diré que no tengo nada contra las técnicas que se usan ni en este ámbito ni en ninguno otro. Es más, soy muy consciente de lo mucho que han ayudado a que veamos las cosas con claridad y a potenciar y agilizar el trabajo con los equipos dentro de las organizaciones. De hecho, yo mismo coordiné un libro sobre experiencia de empleado[48] que incluye muchas y muy buenas herramientas. Sin embargo, lo verdaderamente importante de cualquier método no es saber cómo utilizarlo, sino para qué.

Para entender en profundidad lo que es un *customer journey* hace falta olvidarse por un momento de toda la complejidad que a veces tiene la experiencia de cliente y darse cuenta de que, por primera vez desde que las organizaciones existen, se pone el énfasis en los momentos en los que el cliente entra en contacto con la marca, y solo en ellos.

Y, con eso en mente, lo que hay que hacer es leer a Martin Heidegger: «Hacer una experiencia con algo, sea una cosa, un hombre, un dios, significa que nos suceda, que nos ataña, que nos comprometa, nos trastorne y nos transforme»[49].

Que nos suceda.

Que nos ataña.

Que nos comprometa.

Nos trastorne.

Y nos transforme.

---

48   Alcoba & Mora, 2022.

49   Han, 2015, p. 150.

Eso, y no otra cosa, debería ser una experiencia. Algo que nos conmueva y nos saque de nuestro aburrido mundo. Y eso es lo que hay que diseñar. Y para saber dónde y cómo es para lo que se creó el *customer journey*. No para poner a prueba nuestras dotes pictóricas, ni para crear un embudo por el que conducir al cliente como si siguiera siendo aquel pobre pelele al que se le creaban necesidades como quien cría pollos.

Marca Experiencial sacando a Cliente de su aburrido mundo.

Desde esa perspectiva, el *customer journey* no es sino la suma de experiencias que vive un cliente en su contacto con la marca. Es verdad que normalmente lo dibujamos como una línea con altibajos que representan la curva emocional del cliente, pero también podría ser una enumeración de puntos de contacto con un numerito al lado que expresara si la emoción es positiva o negativa. No es el dibujo lo que importa, sino el foco en el cliente.

Explicar cómo se elabora un *customer journey* excede el objetivo de este libro porque, en sí mismo, no es una labor de diseño. Es decir, el diseño comienza cuando se tienen claros los puntos de contacto, o sea, las experiencias que hay que diseñar o rediseñar.

Sin embargo, si bien muchas compañías pueden permitirse el lujo de trazar un *customer journey* y nutrirlo con datos que expresen cómo piensa, siente y vive el cliente esa cadena de experiencias, otras no están en esa misma situación. Por falta de tiempo, por falta de presupuesto o, a veces, por falta de convicción de sus líderes (cosa mala esta en el mundo de la experiencia de cliente, por cierto).

¿Cuál puede ser una alternativa en estos casos?

Veamos: en la mayoría de los casos, las compañías no buscan el diseño completo de todos y cada uno de sus puntos de contacto, sobre todo porque esto es carísimo. Pero, además, porque no es necesario. El conocido principio de Pareto nos diría que el veinte por ciento de los puntos de contacto genera el ochenta por ciento de la experiencia global que vive el cliente. Y eso debería bastar.

Por tanto, si existen diez puntos de contacto, habría que diseñar dos. Y si son veinte, pues cuatro. Y así. Y el identificar esos puntos no tiene por qué ser complicado. Es más, normalmente, en cualquier compañía, todo el mundo sabe qué es lo que se puede mejorar o lo que hace sufrir más al cliente. Y, si no, siempre se puede preguntar a la gente de ventas o de atención al cliente, que casi siempre lo saben.

De todas formas, como ayuda suplementaria, te contaré que, a lo largo de estos años, he visto muchos aciertos y errores a la hora de escoger las interacciones sobre las que actuar, es decir, los puntos de contacto que se van a diseñar. Si quieres evaluar cómo estás de preparado a la hora de acometer esta labor, te propongo un juego de verdadero o falso. Lo único que tienes que hacer es leer estas afirmaciones y contestar si son ciertas o erróneas. Vamos con ello:

1. Hay que escoger un punto de contacto que en otra compañía del mismo sector ha funcionado.

2. Es importante priorizar la tecnología en el diseño; la gente adora lo digital.

3. Debemos evitar escoger puntos de dolor. Son delicados y difíciles de gestionar.

4. Lo que más mola es resolver un punto de contacto a través de una *app*.

5. Hay que evitar a toda costa fijarse en otros sectores diferentes al nuestro.

6. Mejor aún que el punto 4 es resolver todos los puntos de contacto a través de una *app* unificada.

7. Lo mejor es elegir el punto de contacto más barato de diseñar.

8. No, lo mejor es escoger el más caro.

9. Si no sabemos por dónde tirar, es bueno echar un vistazo al mapa de procesos para inspirarnos.

10. Hay que ser valientes y elegir algo que sea imposible medir.

Te habrás dado cuenta enseguida de que son todas falsas. Porque aquí lo único que cuenta es el amor y Heidegger. Es decir, la intención de enamorar a nuestro cliente, como veíamos en el primer capítulo, a través de las pautas que nos legó el filósofo alemán.

En fin, escogidos los puntos sobre los que vamos a actuar, habría que buscar una técnica que nos ayudase a nutrirlos lo suficiente como para poder hacer un diseño que comprometa, trastorne y transforme a nuestros clientes.

Pero eso es fácil: esa técnica es el *focus group*.

Aquí es donde muchos lectores expertos levantarán la ceja de nuevo, como Escarlata O'Hara, porque pensarán que les estoy intentando cambiar algo viejuno por el espíritu de la modernidad. Pero no es así. Desde hace mucho tiempo una de mis verdades más persistentes es esta: no hay nada como preguntar a la gente, porque la gente contesta. Sin más. Es decir: si tú le preguntas a un cliente sobre su verdad, te la contará. Y en la mayoría de los casos lo hará encantado.

Es cierto que se puede trabajar con técnicas mucho más sofisticadas, como por ejemplo el análisis de sentimiento (yo lo he hecho muchas veces), e incluso midiendo el grado de respuesta psicogalvánica de la piel ante un estímulo (he conocido casos). Pero si queremos ir al grano y hacer algo barato, limpio y fácil, el legendario *focus group* puede ser la mejor opción.

Lo que ocurre es que este instrumento se ha ganado su fama bajo la alargada sombra del sempiterno cuestionario: bien porque es lo que se hace cuando necesitamos clarificación para los datos que obtenemos con él, o bien para realizar una búsqueda de claves que nos permitan construirlo. Es decir, el *focus group* siempre ha sido algo destinado a existir antes o después del cuestionario, pero nunca con identidad propia.

Pero no tiene por qué ser así. Sobre todo si lo centramos en los puntos de contacto y preguntamos abiertamente sobre ellos a nuestros clientes, con el propósito de encontrar aquellas interacciones donde podamos sacar sobresaliente en el test de Heidegger.

La lista de preguntas sería infinita y dependería mucho de cada marca, pero podrían tener formas similares a estas:

1. ¿Qué te pareció X? («X» es el punto de contacto, claro).

2. ¿Qué sentiste en X?

3. ¿Piensas que nos pega como marca hacer X como lo hacemos?

4. ¿Recuerdas alguna palabra o texto que ocurriera en X?

5. ¿Qué podría hacer X más interesante?

6. ¿Crees que recordarás X mucho tiempo?

7. ¿Hay alguna otra forma en la que te podamos hacer vivir algo emocionante?

La pregunta 1 es una valoración general del punto de contacto, la 2 busca encontrar si las emociones que emitimos son percibidas, la 3 ahonda en el asunto de la identidad, la 4 pregunta por la narrativa, la 5 busca pistas para conectar con las aspiraciones del cliente, la 6 examina la memorabilidad y la 7 busca otros puntos de contacto sobre los que actuar.

Como es sabido, un *focus group* es una actividad de naturaleza semiestructurada, es decir, hay que dejarse llevar un poco por el momento y, sobre todo, por lo que a los clientes les va emocionando más, en uno u otro sentido. Y, por supuesto, anotar (o grabar, siempre con permiso) lo que van diciendo, porque sus expresiones, tal y como las dicen, son una mina de oro. Un material de valor incalculable para crear *slogans*, *claims* y, por supuesto, narrativas que se sincronicen con las del cliente.

Pues bien, dicho todo esto, quiero decir, dicho todo lo que he dicho desde el primer capítulo, estamos a punto de contemplar la secuencia completa, es decir, la fórmula mágica para diseñar experiencias que enamoran.

Vuelve la página y será tuya.

Para siempre.

13. AHORA SÍ:
LA FÓRMULA MÁGICA

Me gustaría comenzar hablando de la magia. Sí, de la magia. Supongo que, al comienzo de los tiempos, todo lo extraordinario era considerado mágico. Fenómenos como un rayo o un arcoíris tenían la capacidad de dejar pasmados a nuestros ancestros. Y, más adelante, aquellos que tenían la capacidad de dominar el fuego o comunicarse con los dioses también provocaban el asombro de sus congéneres.

En el principio, todo lo que nos conmovía era magia.

Tiempo después, conforme las civilizaciones avanzaron, y sobre todo como consecuencia de las revoluciones industriales, el mundo se hizo más predecible. Y hoy asistimos a verdaderos milagros sin inmutarnos, como por ejemplo el hecho de que salga agua potable de un grifo cuando lo abrimos. O que un ferrocarril vuele sobre la Tierra a trescientos kilómetros por hora.

El problema es que predecible equivale a aburrido. Y así estamos, que casi nunca nos pasa nada ni mínimamente emocionante. Por eso, por ejemplo, cuando regresamos de vacaciones hablamos de «volver a la rutina». O cuando perseguimos un descanso momentáneo utilizamos términos como «escapada» o «desconectar». O decimos una y otra vez a propios y ajenos lo «liados» que estamos. En resumen: hay muy poca magia en nuestras vidas.

Pues bien, parafraseando a Arthur C. Clarke, diré que el diseño de experiencias, si es suficientemente bueno, es casi indistinguible de la magia[50]. Es decir, obviamente ambas prácticas son diferentes, pero una experiencia puede llegar a provocar una reacción similar a la magia respecto al asombro que produce y también en cuanto a la memorabilidad que genera. Como seguramente te pasará a ti, yo guardo en mi memoria muchas de las buenas experiencias que he vivido con las marcas. Algunas son más humildes y otras más extraordinarias, pero todas ellas se han quedado conmigo. Y, de alguna manera, han aportado algo a mi vida.

Digo esto porque siempre que hablamos de marcas hablamos de empresas, y siempre que hablamos de empresas acabamos hablando de dinero. Y muchas de esas veces nos parece que entramos en un territorio demasiado frívolo. Es decir, las compañías nos sirven en lo mundano de nuestro día a día, pero no tienen ningún papel en verdad relevante en nuestra vida.

Yo creo que eso no debería ser así. Lo que pasa es que las organizaciones han estado volcadas demasiado tiempo en uno de estos dos asuntos: o en buscar a la siempre tramposa excelencia, o en enriquecerse fuera de lo que es sensato. Y, debido a ello, han perdido el norte. Y con él, la magia. Y por eso muchas de ellas son irrelevantes para nosotros, los clientes. Parece un sinsentido, pero es así.

Por eso yo hablo de la fórmula mágica del diseño de experiencias. Porque me parece legítimo que las marcas aporten ilusión a nuestras vidas. Y no solo legítimo, sino también necesario.

---

50 La frase de Clark es «cualquier tecnología lo suficientemente avanzada es indistinguible de la magia». Aunque yo no estoy de acuerdo.

Marca Experiencial aprendiendo magia.

Y ahora me voy a poner un poco serio durante un instante para decir dos cosas que considero importantes: la primera, que si las marcas de verdad se empeñaran en conocer a su cliente y acompañarlo en su camino, contribuirían a humanizar el mundo. Y la segunda que, si al hacerlo, aportaran emoción y asombro, no solo humanizarían el mundo sino que lo harían más luminoso. Desconozco cuál es la misión (o el propósito) de tu empresa pero, si no lo tienes claro, casi seguro que humanizar el mundo y hacerlo más brillante te puede encajar.

Con este horizonte en mente, regresemos a la magia.

El arco de la experiencia de cliente

Para empezar, recapitulemos lo cubierto hasta el momento para ver cómo unas piezas encajan en otras y todo cobra sentido:

1. Lo primero que necesitamos es una identidad como marca. Esa identidad se forma a partir de tres ingredientes:

   • Los valores.

   • Las emociones.

   • Los atributos de personalidad. Si necesitas regresar a estos temas, están en los capítulos 3, 4 y 5.

2. A continuación debemos saber que la identidad del cliente es narrativa y por tanto debemos construir un relato en el que lo situaremos como héroe, mientras que nosotros, como marca, nos reservamos el papel de mentor. En esta narrativa es importante hablar claro, escribir bellamente y dirigirnos al cliente de tú a tú. Esto está descrito en los capítulos 7, 8 y 9.

3. Una vez que ya tenemos definidos estos extremos, lo siguiente es levantar *insights* sobre nuestro cliente. Para ello hemos hablado de un modelo llamado territorio *insight* y de la importancia relativa del *customer journey*. Esto lo tienes en los capítulos 11 y 12.

Este esquema es lo que yo llamo el *arco de la experiencia de cliente*. Es decir, es el camino que va desde la identidad hasta la entrega de la experiencia. Un camino que debe verse muy claro para que, en primer lugar, el cliente viva su experiencia del modo más intenso posible y, por otro, la marca pueda preservar su identidad diferencial, es decir, la que le garantiza una posición única en el mercado.

Pues bien, con todo esto deberíamos estar ya armados hasta los dientes y poder pasar a la fase más emocionante de todas, que es la de la creación de la experiencia en sí. Para ello puede resultar muy útil saber cuáles son los componentes básicos que debe tener el diseño de un punto de contacto. Aquí tienes un listado de los que, en mi opinión, no se te deben olvidar.

1. **Nombre del punto de contacto y situación de partida.** Describimos qué punto de contacto es y cómo lo vive el cliente actualmente.

2. **Motivos para su diseño como experiencia.** Las razones que tenemos para intervenir precisamente en este punto. Aquí es donde están nuestros *insights*.

3. **Emoción a activar.** Esto, como ya hemos dicho, es crucial. Si no hay emoción, no hay experiencia. Como ya hemos estudiado, esta emoción se deriva de un valor de la marca.

4. **Diseño conceptual.** Se trata de explicar en tres o cuatro líneas cuál es la lógica del diseño, es decir, cómo va a quedar el punto de contacto una vez ha sido diseñado. Es importante que sean solo unas pocas frases, porque lo que no se entiende en una explicación breve no se va a comprender por mucho que nos enrollemos.

5. **Narrativa.** Este es otro punto irrenunciable. Siempre debe haber una narrativa. Puede ser oral o escrita, pero el guion es imprescindible porque, como hemos visto, incrementa de modo sustantivo el valor de la experiencia.

6. **Material.** No hacen falta explicaciones.

7. **Cómo lo vamos a medir.** Sin ser demasiado fanáticos de la medición obsesiva, es importante que podamos

evaluar si lo que hemos hecho ha funcionado. El efecto del nuevo diseño se puede ver en una métrica existente, o bien podemos crear un instrumento o método nuevo para registrarlo.

Dependiendo de la organización en que trabajes, esto puede ser suficiente. Pero es posible que trabajes en una compañía grande, de esas en las que el lenguaje propio y los procesos internos dificultan lanzar cualquier iniciativa. Si es así, no te desanimes. Simplemente añade estas otras tres claves:

8. **Coste del prototipo.** Es posible que tu equipo, o tus iguales, o tus mayores, quieran saber cuánto cuesta todo este jaleo que quieres armar. Mi consejo es que antes de que te entierres en un Excel hagas un cálculo sencillo del prototipo. Esto no solo es más razonable, sino que también es más fácil.

9. **Hitos para validar la idea.** Si tienes el prototipo, lo siguiente que habría que hacer es validarlo, es decir, comprobar que la experiencia que has diseñado provoca el efecto esperado. Hay muchas maneras de hacer esto, como por ejemplo probarlo con un grupo de clientes, o en una determinada sucursal, o en una localización geográfica, o en una tienda, o, en general, en un punto definido y controlado donde puedas ver bien qué ocurre.

10. **Próximos pasos.** He incluido esto porque un listado de diez elementos me parece más elegante y, además, porque esta es una expresión que suele gustar mucho en las grandes organizaciones, siempre tan inmovilistas, porque da sensación de dinamismo. Lo único que hay que poner aquí es por dónde empezamos. Como por ejemplo seleccionar quién va a estar implicado, cómo se va a definir el calendario de trabajo, y temas de ese tipo.

A lo largo de estos años he participado en innumerables sesiones de diseño de experiencias. En talleres, en empresas de múltiples sectores y también con mis propios equipos. Y puedo clasificar todos los resultados obtenidos en dos grandes grupos: los diseños que han funcionado y los que no.

No tengo un recuento de cuántos ha habido de uno y otro grupo, pero diría que hay una ligera mayoría en el segundo (los que no). Te preguntarás por qué, claro. Pues hay tres motivos: uno de ellos es que el equipo no ha logrado separarse creativamente de la realidad lo suficiente como para producir algo que suene a magia. Por tanto mi recomendación es esta: crear es ilusionarse, es soñar y es despegarse del suelo. Es volar. El diseño de experiencias no es magia (aunque se le parezca); es ciencia y es técnica. Aunque también es arte. Y el arte emociona. Pero para emocionar hay que emocionarse. Como suena.

Marca Experiencial despegándose del suelo para diseñar experiencias.

El segundo motivo es que debemos entender que la experiencia es algo que ocurre en la mente y el corazón del cliente. Es decir, él no entiende ni nuestro lenguaje ni nuestra lógica, ni tiene por qué. Nosotros somos los que estamos bajo el teatrillo sujetando títeres que representan una función. Pero es el cliente quien tiene que vivir lo que está ocurriendo. Da igual lo orgullosos que estemos nosotros de lo bien que manejamos las marionetas, de lo difícil que haya sido conseguirles sus trajecitos o de lo caro que nos haya resultado construir el teatro donde actúan. Si el cliente no lo vive, no hay experiencia.

Y eso me lleva a una consecuencia de este segundo motivo, y es que es la experiencia la que tiene que ir hacia el cliente y no al revés. Cuántas veces se oye eso de que «es que el cliente no lo entiende». Si no lo entiende es porque no está bien explicado (esto suele ocurrir por la maldición del conocimiento, un fenómeno que explicaré más abajo). Y si no se involucra es porque se lo estamos poniendo demasiado difícil. O porque no hemos caído en la cuenta de algo importante. O porque no hemos dado con el *insight* que lo moviliza.

El tercer motivo es que los seres humanos estamos acostumbrados a recibir la información en fragmentos y a almacenarla también en fragmentos. De hecho, este libro, por ejemplo, tiene capítulos. Y yo he explicado los conceptos en una secuencia lógica que hasta he numerado. Pues bien, eso es perjudicial para el diseño. Pero mejor que yo te lo va a explicar una chica que tiene más de trescientos cincuenta años. Y que me dejó embobado la primera vez que la vi.

14. LO QUE VERMEER TE CUENTA SOBRE DISEÑO DE EXPERIENCIAS

Llegados a este punto, quiero confesarte algo: yo no puedo enseñarte a diseñar.

De hecho, nadie puede.

Por eso este libro se llama «Diseña experiencias que enamoran» y no «Cómo diseñar experiencias que enamoran». Verás: el diseño no se enseña, sino que se aprende. Te parecerá que es lo mismo, pero no lo es. Es la misma diferencia que hay entre intentar algo y hacer algo. Todo lo que yo te pueda explicar vale de poco si tú no pasas a la acción, es decir, si no intentas implementar los conceptos que interiorizas.

Por tanto mi consejo es este: en cuanto puedas, intenta aplicar alguna de las ideas que he ido compartiendo contigo: echa un vistazo a los valores de tu compañía, trata de declinarlos a emociones o prueba a enumerar tres atributos de vuestra personalidad. O revisa vuestra narrativa de marca, o haz un *focus group* para levantar *insights*. Pero haz algo. Muévete en alguna dirección. Es la única manera de aprender.

No te puedo enseñar a diseñar, pero sí te puedo presentar a una chica que te puede dar un gran consejo. Quizá el mejor consejo de diseño de experiencias que existe. Se llama *La joven de la perla* y es un cuadro de Johannes Vermeer (sí, hay una novela y una película sobre ella, te recomiendo ambas).

Mira, a mí con la pintura me pasa lo mismo que con el vino. Que no entiendo nada ni de uno ni de otro, pero sí sé cuándo me gusta. Y tengo un recuerdo muy nítido de la primera vez que contemplé *La joven de la perla*, en el Mauritshuis, en La Haya. Me impactó de tal manera que tuve que quedarme un rato observándola. Siempre que hablo de aquel momento lo que digo es que tenía la sensación de que aquella chica iba a comenzar a hablar en aquel preciso instante. Fue una experiencia en verdad conmovedora. Y si lo fue para mí, no me imagino lo que debía ser en tiempos de Vermeer.

El caso es que hace un tiempo, la compañía de fabricación de microscopios Hirox creó una fotografía del cuadro[51] con una resolución de 10 gigapíxeles. Capturaron más de 9.000 fotografías con un detalle de hasta 4,4 micrones por píxel. O sea, una barbaridad. Te recomiendo que visites su web y amplíes todo lo que puedas la fotografía, en concreto la perla. Y te darás cuenta de un hecho sorprendente.

Verás, yo he utilizado muchas veces la imagen de la perla con su máxima ampliación en mis talleres. Lo que hago es proyectarla en una pantalla y preguntar a los asistentes qué ven. Y las respuestas son de lo más original: la piel de un animal, el tronco de un árbol, tierra seca y muchas otras. Y, por supuesto, la más maravillosa de todas: un cuadro abstracto.

El motivo por el que los participantes en mis talleres ven todo eso en lugar de una perla es el mismo que explica por qué algunos diseños de experiencias funcionan y otros no. Si has hecho el ejercicio de visitar la página web y ampliar la perla lo habrás comprendido enseguida. Porque, de cerca, lo que se ve solo son dos trazos. Uno un poco más fuerte en la parte superior, y otro más tenue en la parte inferior. Dicho en

---

51   http://hirox-europe.com/PEARL/

otras palabras: la perla más famosa de la historia de la pintura no es una copia directa de la realidad. No es un calco. Está formada por unas pinceladas que, de lejos, proporcionan al espectador la experiencia de que está viendo una perla.

Y de aquí viene el consejo: una experiencia no es una suma. Quiero decir: no se consigue que el cliente tenga una vivencia memorable apilando unas cosas sobre otras, como si fueran componentes de un plato combinado. Algunos diseños están mal hechos simplemente porque constan de elementos que dentro de la mente del cliente no tienen un sentido global. No sé si alguna vez has tenido la experiencia de que alguien te haga dos regalos por un mismo motivo. Por ejemplo, un libro y una figurita. O una prenda de ropa y unos auriculares. Estas situaciones se dan porque, normalmente, quien regala pone sus ojos en algo, pero luego le parece demasiado barato. Y por eso luego agrega otro objeto. Pero claro, por cuestiones de presupuesto, el segundo tampoco es espectacular. Este es uno de los ejemplos de la vida en los que uno más uno no es dos, sino menos que dos. Porque la sensación que da es que ninguno de los dos objetos le ha parecido suficiente al que regala. Y cuando a uno le regalan algo que no es suficiente, aunque sea más de una cosa, la sensación que queda es de casi-regalo, pero no de regalo. En suma: dos objetos baratos no hacen uno caro.

Pues bien, con las experiencias pasa lo mismo. Casi te diría que puedo evaluar la bondad de un diseño escuchando la cantidad de veces que quien me lo está explicando utiliza la conjunción «y». Por ejemplo: «el cliente entra y... (pasa lo que sea), y además... (pasa otra cosa), y luego... (se le entrega algo), y más adelante... (la marca revela al cliente lo que sea)». Esto es una suma de casi-regalos. Y lo que se pretende es que el cliente los sume todos en su mente y llegue, mentalmente, a tener una experiencia memorable.

Esto jamás ocurre de esa manera. Porque a las emociones no se llega a través de operaciones mentales. Ni en el diseño de experiencias ni en la vida.

Los diseños deben ser como la perla de Vermeer: tienen que causar una impresión global, y se tienen que percibir con cuantos más sentidos mejor. Entonces funcionan. Y, si no, pues no funcionan.

Por eso se ha dicho que el diseño de experiencias es una «coreografía situacional de fuerzas heterogéneas»[52]. Lo que esta expresión quiere decir es que, para lograr ese efecto global del que estamos hablando, el diseñador debe esforzarse en combinar los diferentes componentes que forman parte de la experiencia en un todo único. Exactamente igual que los coreógrafos, que consiguen generar un todo unificado a partir de una diversidad de notas musicales y bailarines.

Por eso te decía en el primer capítulo que no nos sentimos abrumados por el *Guernica* de Picasso porque sumamos mentalmente todo lo que nos quiere decir. Ni nos acelera el corazón *Thunderstruck* de AC/DC como resultado de un esfuerzo cognitivo. El esfuerzo más grande en el diseño de experiencias está en encontrar «la idea». La que pasma y conmueve de una manera total. Es una labor de indagación, no de construcción.

---

52   Svabo & Shanks, 2015.

Marca Experiencial quiere decirte algo.

Lo que la cama esconde

Hace tiempo me contaron una historia que me encantó y que, desde entonces, no he dejado de contar. Es maravillosa. Si mi referencia no me falla, es del Hotel McCoy en Tucson, Arizona.

Imagínate a una persona que llega por primera vez a una habitación de hotel. ¿Cuáles serían sus primeras acciones? Seguramente dejar la maleta y probar la cama, por ejemplo. O quizá abrir la ventana y contemplar la vista. O tal vez echar un vistazo general a la estancia y hacer una comprobación casi inconsciente para verificar que lo que ha recibido vale lo que ha pagado por ello. Sin embargo, hay otro tipo de personas: las que, en primer lugar, inspeccionan el baño y miran bajo la cama. Es un tipo muy particular de cliente que está muy preocupado por la limpieza. Suelen ser personas escrupulosas que no se encuentran cómodas durmiendo o duchándose donde ha habido otros cuerpos humanos. Y al llegar a los hoteles se lanzan a escudriñarlo todo buscando motas de polvo y pelos.

Sí, hay gente así.

Ahora imagínate que esa persona, tras dejar su maleta, se agacha para mirar bajo la cama y descubre un papel en el suelo. Puedes suponer, y acertarías, que ese cliente se acaba de llevar un gran disgusto. Seguro que, en su mente se instala rápidamente este pensamiento: «Si hay un papel bajo la cama qué no habrá en los armarios, o en el baño».

En ese momento una sensación de desagrado le recorre el cuerpo. Lo creas o no, hay quien no puede dormir si hay suciedad bajo su cama, sobre todo en los hoteles. Así que nuestro escrupuloso cliente se tumba en el suelo (con gran esfuerzo por el asco que le produce) y trata de alcanzar ese papel para tirarlo a la basura, pues solo así logrará dormir tranquilo. Casi se disloca el hombro porque es una cama *king-size*, pero finalmente se incorpora con su presa atrapada entre el dedo índice y el corazón.

Atento, porque la magia viene ahora: ese papel tiene algo escrito.

Oh, yeah. We clean everywhere[53]

Trata de imaginar la sensación que recorre ahora su cuerpo. En primer lugar de tranquilidad y sosiego. El hotel le acaba de decir que puede estar tranquilo, porque su personal es concienzudo en la limpieza. Pero le ha dicho algo más: le ha dicho que le reconoce. Que sabe cómo es. Y que no solo lo sabe, sino que actúa en consecuencia.

---

53   Oh, sí. Limpiamos en todas partes.

Este hotel casi acaba de hacer magia convirtiendo un estado de sospecha y alerta en un momento de sosiego aderezado con una pizca de sentido del humor. Esto es una experiencia en mayúsculas. Tan simple como gloriosa.

Es más, en el cartel, debajo de ese texto, aparece otro,[54] cuya traducción es esta:

Lo entendemos; también somos «inspectores bajo-la-cama». Descansa tranquilo sabiendo que te hospedas en un hotel donde trabajan perfeccionistas y fanáticos de la limpieza.

Te hemos pillado.

En general cuando cuento este ejemplo en un taller o en una conferencia todo el mundo se ríe, aunque algunas personas lo hacen más que otras y con una risita nerviosa (estas últimas son las que más se identifican con la situación, claro). Aunque habrá quien lo tome solo como algo gracioso, en realidad este ejemplo es muy poderoso, porque explica muchas de las claves con las que están construidas las experiencias que enamoran.

En primer lugar, y por encima de todo, hay algo que este hotel sabe de sus clientes: en concreto, sabe que algunos de ellos son «inspectores bajo-la-cama», como los llaman ellos (*under-the-bed checkers*). Además, conocen la emoción de inseguridad que estas personas sienten cuando entran en una habitación.

Y, esto es muy importante: sabiendo eso, actúan. No se limitan a escribir frases pretenciosas en la página web ni a colgar

---

54   *We get it; we're under-the-bed checkers too. Rest easy knowing that you're staying at a hotel staffed with neat-freaks and perfectionists. We got you.*

carteles sobre el aseguramiento de calidad, ni a dejar cuestionarios por todas partes. Ni por supuesto a colocar carteles de «desinfectado» en el inodoro. Lo que hacen, por encima de todo, es un gesto que transmite una emoción, que a su vez neutraliza el estado de inquietud de sus clientes, transformando un estado negativo en un estado positivo.

Y, aún más, redactan un simpático texto que, en realidad, no habla de la limpieza sino que habla de identificación. De hecho, hasta se han inventado un nombre para el colectivo de personas para las cuales la limpieza y el orden rayan en lo obsesivo: *neat-freaks*. Lo que le están diciendo al cliente es «somos como tú, te entendemos, estás en una comunidad que te acepta como eres; todo está bien, duerme tranquilo».

¿No es maravilloso?

Se ha escrito infinita literatura sobre poner al cliente en el centro, sobre empatizar y sobre la hospitalidad. Sin embargo, en la mayoría de los hoteles la experiencia es, invariablemente, la misma: uno llega, se registra, le dan la llave con las instrucciones sobre el desayuno y la clave de la wifi y ocupa su habitación. Pasa el tiempo que sea allí y el último día regresa a la recepción, paga, recoge su factura y se despide. Es verdad que hay hoteles que además ofrecen una experiencia gastronómica y que algunos otros tienen programas de animación o carta de servicios adicionales. Pero en lo que se refiere al hecho de alojarse casi nunca hay nada nuevo bajo el sol. Los hoteles se muestran asépticos con sus clientes. Salvo alguna carta del director, a menudo impersonal, y algún cartelito que indica quién ha limpiado la habitación, hay poca comunicación, poca emoción y, en general, poca experiencia.

Sin embargo, quizá lo más importante de todo es que este diseño está formado por una única y sencilla acción. Es decir, al fin y al cabo es un papel bajo la cama. La sensación de sosiego se desencadena a partir de ese único objeto, porque es el que despierta la emoción vestida de narrativa. Una narrativa que además es identitaria, es decir, alude a la forma de ser de la persona y comulga con ella. Cliente y marca caminan por el mismo sendero. Y no solo eso: la marca se sitúa como mentora y ayuda a su cliente a conseguir lo que quiere. En este caso, luchar contra la suciedad para disfrutar de su habitación y descansar tranquilo.

Si en cualquiera de mis talleres yo enumerara todos esos objetivos en un rotafolio y pidiera a los equipos que diseñaran una experiencia, cualquier experiencia, seguramente me encontraría con esto (lo digo porque me he encontrado innumerables casos):

1. El cliente se encuentra con un cartel junto a la mesa donde vienen reflejados los protocolos de desinfección.

2. Y al final del cartel hay un QR.

3. Y cuando el cliente activa el QR suena una música relajante.

4. Y cuando entra en el baño se activa por infrarrojos un perfume que huele a limpio.

5. Y cuando mira por la ventana se da cuenta de que hay un vinilo que reza: «Este cristal está tan limpio como el aire».

Con cuatro **Ys** este diseño está a punto de suspender. Son demasiadas cosas, están desconectadas y además resulta carísimo de implementar.

Y, por cierto, ya que estamos, quiero prevenirte sobre una tendencia que lleva años extendiéndose, llamada mediumismo[55], que es la priorización de la tecnología o de cualquier otro medio en el diseño de experiencias. Estamos muy acostumbrados a pensar que un vídeo es mejor que un texto, que un QR es mejor que un enlace o, últimamente, que las piezas creadas por inteligencia artificial son mejores que cualquier otra alternativa. Olvidamos que la tecnología, por sí misma, ya no vende, porque los clientes están, estamos, más que acostumbrados a sus pequeños y constantes prodigios. Y que, por tanto, si tenemos un diseño sin alma, seguirá sin alma por mucha tecnología que le pongamos alrededor. Dicho de otra manera, la tecnología es una cosa y el valor es otra[56]. Y presuponer que ambas son lo mismo es un error, en muchos casos grave.

Créeme: en el diseño de experiencias no hace falta encontrar muchas ideas, ni gastarse mucho dinero, ni hacer cosas sofisticadas. Hay que encontrar solo una idea. «La idea». La que acierta. La que de verdad enamora.

---

55 Solis, 2015.
56 Newbery & Farnham, 2013.

Marca Gris construyendo una experiencia.

15. «YES, WE CAN»

La mente humana se resiste a cambiar. Lo sé de buena tinta porque escribí un libro entero sobre este tema[57]. Y las empresas también. Existe un inquietante fenómeno llamado «dependencia del camino»[58] que explica que las organizaciones toman decisiones (a veces por motivos peregrinos) y luego las mantienen a sangre y fuego, siendo por tanto dependientes del propio camino que han creado. También se dice que las organizaciones se autosellan[59], lo que equivale a decir que se vuelven impermeables al cambio, como si estuvieran dentro de una bolsa con autocierre.

El mundo de la experiencia de cliente no es una excepción. Y a lo largo de estos años he escuchado todo tipo de excusas (también peregrinas) que justifican que es mejor dejar este tema de lado y dedicarse a otra cosa, por ejemplo a calentar la silla del despacho.

57   Alcoba, 2013.

58   Sydow & Schreyögg, 2015.

59   Argyris, 2000 en (Dorst, 2017).

Marca Gris autosellada.

Veamos algunas:

- Buf, esto debe ser carísimo.

- Esto está muy bien para Disney, pero nuestro sector es diferente.

- Hoy día esto no se puede hacer sin una tonelada de tecnología.

- Este rollo es muy Apple, pero nuestro sector es diferente.

- En esta empresa llevamos haciendo esto toda la vida.

- Nuestro sector es diferente, esto es para Amazon y empresas así.

- No es rentable.

- Este sector es diferente, no somos Tesla.

- Hay que hacer una comisión.

- En Starbucks sí, pero esto aquí no funcionaría, es un sector diferente.

- Antes de meternos en esto necesitamos analizar el pay bark, los qpis, los ene-feténs, el pig data, los dubi dubi dubis y los dubi dubi dás.

Con el tiempo me he ido acostumbrando a este tipo de respuestas. Pero no por ello renuncio a demostrar que sí, que podemos.

Podemos todos.

Creo que ya ha quedado claro más arriba que me gustan los coches. Aunque no soy un fanático. No soy de esos que lavan su vehículo todas las semanas, ni todos los meses, ni (glub) todos los años. Pero un día me di cuenta de que el pobre tenía una barbaridad de rayones y decidí dar un parte al seguro para que me lo pintaran.

Recuerdo muy bien el día que me lo entregaron. Llovía, pero a pesar de ello estaba precioso, tan terso y reluciente. El encargado que me lo trajo me hizo firmar unos papeles que no leí y me dio mi llave. Cuando subí me di cuenta de que algo colgaba del espejo retrovisor. Era una pieza de cartón con un diseño muy cuidado, donde se podía leer esto:

«Descubre una manera única de trabajar».

En la parte de abajo había como un receptáculo en el que se veía un botecito. Yo pensé que era un ambientador. Ya me disponía a tirarlo, porque los ambientadores de coche no me gustan, cuando leí el mensaje que estaba justo debajo:

«RIC Madrid[60] le obsequia con una muestra del color con el que ha sido pintado su vehículo para que usted mismo pueda retocar futuros arañazos».

Ay. Pensé. Por fin alguien se ha dado cuenta de lo que sufrimos los conductores debido al síndrome de la columna móvil. Seguro que lo conoces. Se trata de un fenómeno que te ataca casi siempre que conduces un coche nuevo o recién pintado. Entras en tu garaje y de repente una columna que siempre está como a un metro a tu derecha se mueve hacia tu coche y ¡rasssssss! Rayón al canto.

Y ahí, delante de mí, estaba la solución: un botecito, con su propio pincel, en el mismo tono de mi carrocería. Si has rastreado el Internet infinito buscando un lápiz de color con el que retocar arañazos, habrás llegado a la misma conclusión que yo: es imposible encontrar la tonalidad de tu coche. Incluso si es negro, como el mío.

En ese momento me pregunté: «¿por qué esto no se le ha ocurrido antes a nadie?».

En mi mente surge una respuesta, pero jamás la diría en voz alta, ni mucho menos la escribiría en ninguna parte: «porque no pensamos en el cliente, porque lo único que nos interesa de él es su dinero y porque no comprendemos en profundidad ni sus temores ni sus anhelos».

Si lo intentáramos, descubriríamos enseguida que, cuando uno saca su coche recién pintado del taller, tiene una mezcla de dos emociones: una positiva (satisfacción, casi orgullo) y una negativa (inquietud, casi temor). Y lo que hace RIC Madrid es actuar a través de un sencillo detalle que neutraliza

---

60   Antes de que los avispadillos saquen conclusiones precipitadas y malintencionadas, declaro aquí mismo que no hay relación de ningún tipo entre RIC Madrid y yo. Solo fui cliente suyo una vez y los gastos fueron abonados por mi seguro.

la segunda de ellas. Porque te hace pensar que, si por cualquier causa la columna del garaje te amenazara con hacerte un arañazo, tú tendrías en tu bolsillo una espada láser en miniatura para neutralizarla. Por tanto, puedes relajarte y conducir tranquilo (curiosamente, cuando estás sereno la columna no se mueve). Como resultado de todo ello, el punto de contacto «recogida del vehículo» sube varios enteros en la cotización del cliente.

Y diría más: esto no es una experiencia sumativa. Es decir, no es una suma algebraica de una serie de casi-regalos. Es un único detalle que comprime en su simplicidad un gran esfuerzo por empatizar con el cliente, encapsulado en un único guiño lleno de complicidad. Su mensaje subliminal podría ser este:

«Nos gustan los coches limpios y relucientes, por eso
nos dedicamos a esto. Y sabemos que eres uno de
los nuestros. Vete tranquilo, y que la fuerza (que hay
contenida en este botecito) te acompañe».

Y ¿de dónde puede venir todo esto? Pues de uno de sus valores, que es la eficiencia. No sé tú, pero frente a una persona eficiente yo me siento tranquilo. Porque sé que se va a empeñar a fondo en hacerlo lo mejor posible en el mínimo tiempo que pueda y optimizando todos los recursos a su alcance. Veamos entonces: ¿qué es más eficiente para ti como cliente cuando tienes un rayón? ¿Volver a dar un parte, volver a entregar tu coche y volver a esperar unos días mientras te gastas el dinero en taxis para tus desplazamientos? ¿O sacar tu pintauñas para coches y resolverlo en unos minutos? Pues eso.

Hay organizaciones que demuestran su eficiencia colgando sellos de calidad por todas partes y estampando pegatinas en todos lados que hablan de todo lo puntuales, higiénicas o productivas que son. RIC Madrid, entre otras muchas cosas, prefiere hacerte llegar su sentido de la eficiencia transmitiéndote tranquilidad y ahorro.

Como es natural, habrá personas a las que esto les toque el corazoncito y habrá otras que no le prestarán apenas atención. Pero eso no es lo importante. Porque asumimos que, a lo largo del conjunto de interacciones, habrá más experiencias hasta saturar el conjunto de *insights* de la marca. Lo que es de verdad relevante es la memorabilidad que genera.

Analicemos este punto: siendo completamente sincero; jamás he utilizado el botecito de pintura. Pero he hablado de él muchísimas veces, quizá cientos de ellas. Ha pasado a formar parte de mi narrativa sobre el mundo del diseño. Es decir, es lo que yo llamo una experiencia memorable.

Me gusta mucho poner este ejemplo, porque no es de Disney, ni de Apple, ni de Amazon, ni de Tesla, ni de Starbucks. Ni cuesta millones de euros, ni para construirlo hace falta una tecnología híper sofisticada. Todo ello forma parte de la pequeña magia que provoca cuando lo ves. Sin duda, como hubiera dicho Mies Van der Rohe, menos es más.

Cuando me planteé este capítulo, en principio pensé en escribir varias páginas intentando motivarte para que superes todos los obstáculos que escribía al comienzo y te lances a diseñar experiencias con la máxima pasión que permitan tus pulsos. Pero luego pensé que una imagen vale más que mil palabras.

Si RIC Madrid puede, tú también puedes.

Y yo.

Todos podemos.

Que sí, que podemos.

Marca Experiencial lo tiene clarísimo.

16. TE DIGO QUIÉN SOY A TRAVÉS DE LO QUE TE HAGO SENTIR

Seamos sinceros: el cliente siempre vive una experiencia. Porque una experiencia, en sí, es la percepción de un cambio[61]. Leer un libro es una experiencia, cruzar la calle lo es también y desde luego tener una bronca con un jefe es una de las experiencias más señaladas de la vida de un ser humano.

Seamos más sinceros aún: eso no es lo verdaderamente relevante. Lo verdaderamente relevante es si el cliente de una marca vive la experiencia que se ha diseñado para él. La que responde al espíritu de la marca. La que transmite sus valores y el catálogo de emociones que hacen esa marca distinta y única. La que hace posible un cruce aditivo de identidades. Es decir, no cualquier experiencia.

Seamos brutalmente sinceros: mucho de lo que se hace en los departamentos de experiencia de cliente (sobre todo en grandes y grises empresas) es evaluar lo que el cliente ya vive de hecho e intentar corregirlo, mejorarlo, subsanarlo o meterlo debajo de la alfombra. Gran error. Porque para eso ya teníamos los departamentos de calidad. Para seguir midiendo hasta el infinito y luego ponernos a pensar qué podemos hacer para que tal o cual índice baje o suba no hace falta la experiencia de cliente. Sobre todo porque, como reza la sabiduría popular, un cerdo no engorda por mucho que lo peses.

Una de las enormes diferencias entre la cultura de la calidad y la de la experiencia de cliente es que la primera corre el ries-

---

61   Diller et al., 2008.

go de convertirse en la Oficina de Pesas y Medidas, mientras que la segunda intenta crear algo nuevo. No para «sorprender» al cliente, como se ha dicho tantas y tantas veces, sino para enriquecer su vida enriqueciendo su identidad. Y no de cualquier manera, sino a través de la empatía y de los códigos de las emociones y del relato. Con verdad y con belleza.

Marca Gris midiendo una experiencia.

Una experiencia genuina ocurre cuando la marca le dice al cliente quién es a través de lo que le hace sentir. Le dice (relato) quién es (identidad) a través de lo que le hace sentir (emoción). Y luego vendrán las evaluaciones, las pesas y las medidas. Pero siempre desde un ángulo concreto, porque el objetivo, nunca, jamás, es evaluar una experiencia como «mejor» o «peor». Y esta es otra de las grandes diferencias entre la cultura de la calidad y la de la experiencia de cliente. Una botella puede estar mejor o peor etiquetada, de la misma manera que unas gafas pueden estar mejor o peor graduadas. Y de ahí la dichosa búsqueda de la excelencia, peligrosa asintótica que a veces se convierte en asintóntica.

Porque, como decía un amigo que tuve en el instituto, la perfección solo se alcanza en el Cielo. De ahora y para siempre: evaluar una experiencia no es tratar de ver si es mejor o peor, sino si responde a la identidad de la marca y si el cliente se identifica con ella. Es decir, si la experiencia que se ha diseñado al mismo tiempo es marca y es cliente.

Comencé hablando del amor y voy a acabar hablando del amor. Uno de los primeros conceptos que aprendí en una de mis reencarnaciones anteriores, cuando era psicólogo, tiene que ver con el proceso de identificación. En un determinado momento de sus vidas, los hijos comienzan a identificarse con sus padres. Los quieren y los admiran y quieren ser como ellos. Presumen de ellos ante sus amigos, copian sus gestos, sus modos de hablar y hasta su manera de vestir. En buena medida, los niños aprenden a ser a través de lo que son sus padres.

Es uno de los aprendizajes más potentes y más duraderos que se produce en la vida de un ser humano. Tanto que muchas personas, después de un rodeo que puede durar décadas, observan con asombro (a veces con horror) cómo se están convirtiendo en sus padres y madres, y cómo comienzan a hacer, sin darse cuenta, las mismas cosas que ellos hacían y de las que antes se quejaban.

El proceso de identificación es potente y duradero porque nada se aprende mejor que lo que se aprende por amor. A un padre, a una madre, a un área del conocimiento, a una afición o a una tierra. Es potente y duradero porque la etimología de identificar es «hacer identidad». Si algo que has aprendido ha pasado a formar parte de lo que eres, es decir, se ha convertido en un aprendizaje configurador para ti, es muy difícil que se te olvide.

Por eso, a través de las emociones y los relatos, las marcas están llamadas a jugar un papel en la vida de las personas, más allá de la mera transacción mercantil. A contribuir a los recuerdos de su vida e incluso a edificar nostalgias. Hay toda una generación que creció con el Cola-Cao y con el Danone y se vistió con los vaqueros Lois y las zapatillas Paredes. Una generación que aprendió escribiendo con bolígrafos Bic (naranja o cristal) en cuadernos Guerrero y que comenzó a afeitarse o maquillarse mientras dibujaba con sus Rotring. Una generación que suspiraba por un Scalextric y que conquistó su libertad a bordo de un Vespino. Y que se sintió en la cima del mundo cuando aprendió a programar en un Sinclair ZX81.

Incluso la mera observación superficial demuestra que una marca puede jugar un papel relevante en la vida de una persona.

Marca experiencial aprendió a diseñar experiencias viviendo experiencias.

Quizá aquellas marcas no sabían mucho de experiencia de cliente, pero supieron acompañar el ciclo de vida de una generación entera[62], logrando una memorabilidad que ya quisieran para sí muchas de las marcas de hoy. Tal vez porque eran auténticas, porque no se dejaron llevar por el marketing mal entendido o porque no eran codiciosas. Más adelante algo ocurrió y las marcas grises comenzaron a tomar el poder. Marcas obsesionadas por quitar un gramo de cada lata de atún o de gel de baño para ganar más, marcas volcadas en prácticas comerciales avariciosas y, últimamente, marcas cegadas por controlar al cliente a base de algoritmos. Marcas que, sin embargo, se esfuerzan por mantener una imagen impecable frente a sus clientes, siempre vestidas con sus trajes caros y sus galardones en el pecho.

Sin embargo, algo está a punto de cambiar una vez más.

Pine y Gilmore, en su seminal libro sobre la experiencia de cliente[63], que sin duda te recomiendo, se preguntaban qué vendría después de esta tendencia. Es decir, qué habría después de la experiencia de cliente. Qué nuevo valor congregaría a los clientes y propiciaría el intercambio de tiempo, dinero y esfuerzo. Por aquel entonces ellos ya no tenían ninguna duda. Yo tampoco.

El nuevo valor es la transformación.

Más arriba hemos hablado de cómo el relato de marca tiene que imbricarse en la narrativa del cliente situándose a su lado y ayudándole a llegar a donde quiere llegar. Lo que está ocurriendo ahora es que ese relato está comenzando a hacerse realidad y las marcas están alterando sus productos y servicios, transformándolos para transformar.

---

62   Jiménez-Zarco et al., 2023.

63   Pine & Gilmore, 2011.

Es decir, no solo te ayudo con lo que tengo, sino que me convierto en lo que esperas. Esto puede resultar difícil de entender, pero es la misma distancia que hay entre escoger el mejor regalo para alguien y fabricarlo. Si fabrico mochilas, por ejemplo, en este momento oriento mi narrativa a recordarte que esas mochilas son el complemento perfecto para tus aventuras en la ciudad o el campo. Mañana empezaré a fabricar la mochila que tú necesitas, basándome en lo que he aprendido de ti con mi escucha constante y mi identificación de *insights*. Y, por supuesto, impregnaré mis diseños con mi identidad de marca, basándome en los valores que ambos compartimos, en tus emociones y en mi personalidad de marca.

Por ese motivo hoy día hasta el pan de molde se llena de proteínas, antioxidantes o probióticos. Lo que se intenta hacer, como es evidente, es ayudar a las personas que quieren ganar masa muscular, prevenir enfermedades o mejorar su función intestinal. Y, como yo suelo decir, si una rebanada de pan puede ser transformacional, cualquier marca puede.

Cualquiera.

La transformación será, está siendo ya, la nueva experiencia de cliente. Si el pasado muy reciente de la experiencia de cliente se resumía en la frase «te digo quién soy a través de lo que te hago sentir», en un chasquido de dedos esto se convertirá en «te digo quién soy a través de lo que hago por ti».

Por eso, para aquellas marcas que siguen pensando de verdad en el cliente, se abre ahora un nuevo y maravilloso desafío: hacer crecer las experiencias que entregan rediseñando la naturaleza de sus productos o servicios para ponerse al lado de los clientes que se identifiquen con ellas, haciendo camino a su lado y ayudándolos a llegar a donde quieren llegar. La necesidad de vivir experiencias, antes de que nos demos cuenta, se convertirá en necesidad de vivir experiencias transformadoras. Por este motivo, las marcas que opten por esta vía cautivarán a los clientes, porque estos verán en ellas una vía hacia la conquista de sus sueños.

Cliente soñando con nuevos horizontes.

Quizá arrancamos este siglo un poco confundidos por la estabilidad y la abundancia. Antes del año 2008 se extendió el más largo periodo de crecimiento económico de nuestra historia reciente. Los precios de las viviendas se dispararon y la gente se metía sin pensarlo en préstamos abrumadores mientras en los restaurantes había cartas de agua. Todo era exuberancia y derroche. Luego todo se derrumbó y los clientes comenzaron a ser más conscientes que nunca del valor del dinero. En ese momento la experiencia de cliente comenzó a irrumpir con fuerza, porque la gente prefería gastar su (poco) dinero en marcas que le llenaran. La autenticidad se convirtió en el objeto de deseo, sustituyendo a la calidad, que había reinado en la era anterior.

Si la crisis de 2008 nos tocó el bolsillo, la de 2020 nos tocó el alma. Y volvimos a ser conscientes de nuestra finitud, como ha pasado en todas las grandes calamidades por las que la humanidad ha transitado. Recuerda que, hoy día, el 72 % de la gente reflexiona sobre la vida de cara al futuro[64]. Es decir, a tres de cada cuatro personas les preocupa qué pasará con su vida mañana y en el mañana de mañana. De esta manera hemos vuelto a comprender que la vida es un viaje. Un viaje que emprendieron nuestros padres y los padres de sus padres. Un viaje que consiste en transformarse en aquello que uno sueña, en alcanzar una vida lograda.

Así, mientras las marcas grises continúan su loca carrera hacia el enriquecimiento absurdo y la manipulación del cliente, las marcas transformadoras, depositarias de la herencia de las marcas experienciales, existirán para ayudar a las personas a mirar el horizonte con esperanza.

No se me ocurre mejor aspiración.

---

64   García et al., 2022.

17. BONUS: EXPERIENCIAS FORMATIVAS

Voy a comenzar explicando una idea que parece obvia, pero que en realidad es más importante de lo que parece a primera vista: hay una diferencia enorme entre diseñar una experiencia en torno a un producto o servicio y diseñar el producto o servicio mismo.

Habitualmente lo que hacemos es diseñar experiencias en torno a productos o servicios ya creados. Queda siempre la duda de si se podría crear una experiencia pura, es decir, sin que esté asentada sobre un producto o servicio existente. Pero ahí nos meteríamos en un tema complejo, que posiblemente tendría que ver con el diseño meramente conceptual o la creación artística. Y también se abriría otro tema interesante, que es la retroalimentación que debería ocurrir hacia los productos y servicios cuando se crean experiencias sobre ellos.

Sin embargo, como digo, lo que normalmente hacemos es crear experiencias a partir de productos o servicios existentes. Pues bien, esto es clave: la primera condición para que el diseño sea bueno es que los productos o servicios de los que partimos sean buenos.

Decía yo más arriba que no tiene sentido poner incienso en una clínica si sus profesionales son malos, o que es absurdo poner música cuando sale un plato en un restaurante si sus ingredientes están pasados de fecha. Antes de hablar hay que balbucear y, por tanto, resulta un sinsentido empezar una estrategia de experiencia de cliente si antes no están hechos el resto de los deberes en el nivel de producto o servicio.

Por tanto, y aunque solo sea de manera fugaz, me siento en la necesidad de explicar en qué consistiría esto en un sector particular. Es decir, qué considero yo un producto o servicio bueno y, por tanto, sobre el que se puede construir una buena experiencia.

Supongo que entre los que están leyendo estas líneas habrá profesionales de distintos sectores pero, para ejemplificar este asunto, yo tengo que escoger uno. A ser posible, uno del que yo sepa algo.

El caso es que yo saber, así saber, con mayúsculas, en realidad no sé de nada. Pero llevo en el sector de la formación muchos años. Un día calculé las horas que me había pasado en escenarios, talleres, seminarios y similares, y me salían más de las que hacen falta para ponerse a los mandos de un Boeing 747 en un vuelo transoceánico. Es decir, tengo mucha experiencia, porque a lo largo de mi vida he tenido el privilegio de protagonizar conferencias o sesiones de formación para públicos muy distintos de edades muy diferentes en países muy diversos. Desde directivos de primer nivel en empresas tamaño Ibex35 hasta grupos de jóvenes estudiantes en lugares para nosotros remotos. Una vez impartí una conferencia en un barco camino de la Antártida y también he dado una charla en una granja. Como suena. He dinamizado conferencias o talleres en sectores tan distintos como energía, banca, tecnología, educación, gastronomía, transmedia, automoción, emprendimiento, alimentación, inmobiliaria, eventos, deporte o salud.

Y por eso he decidido hacer este *bonus* sobre el sector de la formación (o educativo), consciente también de que muchas de las personas que siguen mi trabajo están conectadas con él, o bien con ámbitos relacionados (como por ejemplo la dinamización de equipos o la creación de eventos).

Lo que pretendo, por tanto, es ilustrar en qué se apoya el arco de la experiencia de cliente (valores-emociones-personalidad-narrativa-insights-diseño) en un sector particular. O, dicho de otro modo, qué cuestiones deberían estar resueltas antes de ponerse a diseñar experiencias dentro de un sector que, debido a mis limitaciones, solo puede ser el sector educativo.

Vamos a ello.

Comencemos por dos cuestiones previas, para mí irrenunciables: en primer lugar, la formación (educación, aprendizaje, o llámese como se quiera) es una experiencia vital. Lo es de hecho, esto no es ningún secreto. Decía Dewey, el gran Dewey, que «la educación es un proceso de la vida, y no una preparación para ella»[65]. Es decir, cada vez que entramos en un entorno de aprendizaje participamos de una vivencia que ocurre en tiempo real, aquí y ahora, y cuyos ojos no deberían estar puestos en otra cosa que no fuera ese aquí y ahora. Es verdad que muchas veces educamos o formamos con intención de que el alumno o participante utilice esas habilidades en una situación que va a ocurrir después, pero, y esto es lo importante, solo si lo que ocurre en el ahora es suficientemente vivo y potente, ocurrirá el tipo de aprendizaje que será de utilidad en el futuro. Dicho en otras palabras, educar para el mañana solo funciona si ponemos el énfasis en el hoy.

Por otro lado, pese a la opinión generalizada, el conocimiento no se transmite. Ni se da, ni se entrega, ni nada por el estilo. Si tú sabes algo, lo sabes tú. No lo puedes arrancar de tu

---

65   Dewey, 1997.

cabeza e implantarlo en otra. El motivo es simple, y es que, dentro de una mente humana, cada concepto está relacionado con muchos otros, y esta relación es en cada persona diferente. Además, las ideas que para muchas personas son centrales, para otras no lo son, y viceversa.

Por ejemplo: para mí, «escribir» es una palabra muy central y está cargada de una fuerza enorme, porque soy escritor. Para ti, quizá haya otras palabras más centrales, como, qué se yo, «futuro» o «trabajo». O «dinero». Para mí, «escribir» está relacionado con los conceptos de «identidad», «expresión» y «vida». Porque escribir es la manera en que, desde mi identidad, expreso la manera en que la vida va dejando su huella en mí. Para ti, a lo mejor, «futuro» está relacionado con «estudios» (porque has de hacer un máster para ascender o montar tu negocio), mientras que para otra persona estará conectado con «bebé», porque va a tener un hijo.

Ni siquiera palabras en apariencia centrales como «familia» o «amor» significan lo mismo para unas personas que para otras. A veces tampoco para la misma persona en distintos momentos de su vida. De hecho, es un milagro que nos entendamos, porque ni muchísimo menos hablamos el mismo idioma.

La educación es un proceso de la vida en el que el conocimiento no se transmite. Armados con estas dos consideraciones que para mí son irrenunciables, como si fueran la Tizona y la Colada, entremos ahora en el núcleo del asunto, es decir, qué claves hacen que una acción formativa sea buena. Si nos aseguramos de que cumplimos todos los requisitos que vienen a continuación, podremos entonces aplicar sobre ella el arco de la experiencia de cliente. Y lo que tendremos como resultado es una experiencia educativa formidable. Y por supuesto memorable.

Redoble de tambores

Una sesión de formación ha de tener un gran comienzo. Siempre. Tanto si dura veinte minutos como si dura seis meses. Es el primer momento de la verdad (de hecho es un buen punto de contacto para diseñar una experiencia). Tiene que ocurrir algo con suficiente potencia como para arrancar al participante de donde esté metido, que siempre es algún lugar dentro de su mente, y traerlo al aquí y al ahora.

Evita, siempre que puedas, errores como llegar tarde, problemas con el ordenador, no tener el material listo, comenzar hablando con rodeos o circunloquios, mirar al suelo y hacer gestos pequeños o poco relevantes. Tampoco deberías comenzar ningún tipo de clase, charla o evento mandando callar o pidiendo silencio. Y menos hacerlo con inquietud o ansiedad.

Mi consejo: apréndete de memoria lo primero que vayas a decir. Sé que muchas, muchas personas que leerán esta línea pensarán «a mí esto no me hace falta, porque yo tengo mucha experiencia y siento que no es necesario». Mira: he visto a grandes oradores y gente con recorridos inmensos en formación cometer errores de novato. Errores como trabarse al hablar, perderse mientras exponen y dar rodeos del tamaño de China, mientras los asistentes ponen cara de interrogante y se preguntan cuándo el ponente va a entrar en materia. Y sí, también he visto a formadores con experiencia temblar como gelatina de fresa. Si memorizas lo primero que vas a decir nada de eso te va a pasar.

Siguiente consejo: ten aprendida también toda la secuencia de arranque. Es decir, no solo las primeras frases, sino las primeras acciones. Lo que vas a hacer o decir al principio (las palabras de las que hablábamos en el párrafo anterior), qué va a seguir a continuación (por ejemplo, repartir unas fichas para que se presenten), y qué sigue después de eso (por ejemplo, cómo conectan esas fichas con lo que van a aprender). El participante tiene que ver que estás seguro de lo que haces. Y lo que haces tiene que ser potente.

Esto es imprescindible en cualquier conferencia o sesión de formación, pero es mucho más importante si tu público no te conoce. Ten en cuenta que la primera impresión que nos llevamos de otra persona se forma en apenas unos milisegundos[66]. Sí, milisegundos. Y no demasiados. Es más, hace mucho tiempo ya se demostró que en tan solo seis segundos los alumnos se forman una opinión sobre un nuevo profesor en características tan relevantes como «acogedor», «activo», «competente» o «seguro»[67]. Y esas opiniones tienden a no variar durante todo un semestre.

No sé si me estoy explicando bien: en los primeros segundos de una sesión de formación o de una charla, sobre todo si los participantes no te conocen, te la juegas, y mucho. Ahora te contaría un montón de cosas sobre la presencia escénica, la gestualidad, el uso del humor y mil pequeños detalles más que contribuyen a que te ganes a la gente en esos primeros segundos, pero para eso necesitaría otro libro. Así que lo dejo aquí.

En verdad te digo: comienza en grande.

Café con croquetas y otros principios

Seguro que ya has adivinado que si una sesión de formación debe tener un arranque potente también debe tener un final

---

66   Willis & Todorov, 2006.

67   Ambady & Rosenthal, 1993.

espléndido. Pues has acertado. Pero entre uno y otro ocurren una serie de dinámicas a las que conviene atender.

Doy por hecho que piensas que el Powerpoint (o cualquier otro sistema de diapositivas, por modernete que parezca) es quincallería y que, por tanto, es un despropósito basar toda una sesión de formación en una presentación. Si piensas lo contrario es casi seguro que lo que te voy a contar no va a tener mucho sentido para ti, así que es mejor que te lo saltes.

Verás: los adultos no aprenden como los niños. Los niños utilizan el aprendizaje para desarrollarse, es decir, para crecer intelectualmente. La consecuencia de esto es que los niños aprenden casi con cualquier cosa, porque sus cerebros son bulliciosos enjambres de neuronas que no paran de establecer conexiones.

Pero los adultos no aprendemos así. Los adultos aprendemos por transformación de lo que ya sabemos. Y, por tanto, hay una serie de efectos que conviene aplicar en cualquier sesión de formación. Les he puesto nombres bastante rocambolescos para facilitar su recuerdo; espero que te gusten. Vamos allá.

El efecto tap-tap

Te regalo un juego para tus sesiones de formación. Lo puedes usar para ilustrar muchos conceptos, aunque en particular uno que te voy a contar enseguida.

Organiza al grupo en parejas y lánzales este desafío: uno de los miembros de la pareja tiene que pensar en una melodía conocida. Puede ser una canción, una pieza de la banda sonora de una película e incluso algo de música clásica. La única condición es que sea conocida. A continuación, ese participante debe intentar que el otro miembro de la pareja adivine la melodía pero —este es el reto— lo único que puede hacer para ello es marcar sus notas dando golpecitos con los dedos de una mano en el dorso de la otra.

Tras quince o veinte segundos pregunta quién lo ha conseguido. Será un milagro si lo ha logrado alguien. Sin embargo, para los que lo han intentado habrá sido una experiencia frustrante porque no comprenderán por qué sus compañeros no han captado algo que, para ellos, era obvio.

¿Para qué sirve esto?

Pues para muchas cosas, pero en particular para explicar el fenómeno conocido como la maldición del conocimiento. Que más o menos viene a decir que siempre presuponemos que quien nos escucha sabe más de lo que sabe sobre el tema de que se trata.

En este ejercicio, quien intenta desesperadamente hacerse entender tiene toda la pieza en la cabeza: la melodía, el ritmo, los instrumentos, las voces, la letra, e incluso las emociones que le despierta. Lo tiene todo. Pero a su interlocutor solo le llega un raquítico remedo de la secuencia en la que se suceden las notas.

Bueno, pues este sencillo principio explica por qué fracasan la mayoría de las sesiones de formación. Porque el profesor no se da cuenta de que solo está dejando ver a sus alumnos una mínima parte de lo que sabe. Y, además, se la está mostrando desconectada de lo que saben ellos.

Para que un participante abrace un nuevo concepto hay que desarrollarlo en su interior y hacerlo crecer desde ahí. No empujarlo desde el exterior, como se alimenta un ganso para hipertrofiarle el hígado y hacer foie-gras.

El efecto lanzadera

No sé dónde escuché que si el globo terráqueo fuera como un balón de baloncesto la ranura por la que debe reentrar una nave que venga del espacio exterior sin estrellarse ni rebotar sería equivalente al grosor de un folio. Quizá no sea correcto. Pero sí lo es que el llamado corredor de entrada es un pasillo muy estrecho.

Pues bien, al saber humano le pasa algo parecido. Al comienzo de nuestra vida adulta aprendimos una serie de conocimientos que hemos utilizado innumerables veces en nuestra vida profesional. De modo que, de tanto usarlos, se han solidificado y ahora son una masa pétrea casi inamovible, rodeada de un cinturón protector[68] que evita que tengamos que replanteárnoslo todo a cada paso que damos.

Ese conocimiento de cada uno, por cierto, está muy sesgado a favor de nuestra formación inicial. Es decir, los abogados enseguida ven las connotaciones legales, los economistas ven números por todos los lados y los médicos te miran con sospecha si estornudas más de la cuenta. Dicen que todo son clavos para el que lleva un martillo en la mano. Pues eso.

La cuestión es que conseguir conmover ese núcleo duro de conocimiento no es fácil. Y lo que hacemos normalmente es intentar aplastarlo para reventarlo. Es decir, volcamos una tonelada de contenido sobre los participantes a nuestros cursos, a ver si así logramos que giren la mirada.

Y claro, eso no funciona. Porque si el material, por bien elaborado que esté, resulta trivial al participante, rebotará como una lanzadera que entre en la atmósfera demasiado

---

68   Malinen, 2000.

plana. Y si resulta demasiado disruptivo, por amplio y profundo que sea, se estrellará sin remedio.

De ahora y para siempre: conmover el núcleo de conocimiento de una persona no es una cuestión de profundidad. Es una cuestión de ángulo.

Yuhuuuuuuuu!!!

El efecto croqueta

Esta es una de las frases más aleccionadoras que en mi vida he leído sobre el aprendizaje: «A pesar de evidencia desalentadora en contrario, sigue suponiéndose que si se dice algo al estudiante, este ya lo sabe (...). Para adquirir conducta, *el estudiante debe dedicarse a desarrollar la conducta*».[69]

---

69   Skinner, 1984.

Te leo de nuevo: «Sigue suponiéndose que si se dice algo al estudiante, éste ya lo sabe». Hemos basado gran parte de la formación de profesionales adultos en el decir. Tú vienes a mi taller, o a mi seminario, o a mi clase, o a cualquier actividad de ese tipo que yo esté organizando, yo te digo cosas y tú ya las sabes.

Por favor...

Si eso fuera así seríamos criaturas prodigiosas; sabríamos todo lo que hemos leído, lo que hemos escuchado en telediarios, lo que hemos visto en anuncios por la calle, lo que hemos absorbido a través de los (probablemente) millones de páginas web que hemos consultado y hasta lo que hemos leído en el reverso de los azucarillos.

Es más, como dijo alguien sumamente perspicaz, si supiéramos las cosas con solo escucharlas, todos seríamos seres morales[70], porque desde el sermón de la montaña y a través de los sucesivos sermones que, provenientes de diferentes figuras clave en nuestra educación, hemos recibido, todos sabemos cómo debemos comportarnos.

Pero no es así. Claro que no es así. Escuchar cosas no equivale a saberlas. Para saberlas hay que hacerlas.

El participante debe rebozarse (como una croqueta, sí) en aquello que debe aprender. Debe tener una sensación sentida del objeto de aprendizaje. Debe establecer su propia conexión entre lo que es y lo que debe saber.

El mayor éxito de una croqueta no está en su contenido, sino en el rebozado. El relleno puede ser bueno, incluso muy bue-

---

70   Elton, 2000.

no, pero hay pocas cosas más frustrantes que una croqueta flácida. Y esto es lo que no acabamos de entender. Damos contenido, mucho y muy chulo, y hasta muy digital y todo eso, pero no hacemos que el participante se reboce en él.

Y así nos va.

Verás, durante mucho tiempo hemos pensado que hacer material «bonito» facilitaría el aprendizaje (la mayoría de los PowerPoints se basan en esto). Esto es lo que se llama la *hipótesis de los detalles seductores.* Es el mismo principio por el que las páginas web se llenan de vídeos y los libros de texto de dibujos. Sin embargo, tras casi treinta años de estudios, la ciencia ha brindado escaso apoyo a esta hipótesis[71]. Sobre todo porque se corre el riesgo de que el lector se quede con los colorines y no aprenda lo que queremos que aprenda.

Haz que se rebocen. No hay otra.

Croqueteando.

---

71   Silvia, 2006, p. 77.

El efecto parque de atracciones

Seguro que has estado en algún parque de atracciones. Norias, montañas rusas y tal y tal. Y te habrás dado cuenta de un par de cosas:

- Un parque de atracciones es emocionante.

- Puedes subir a las atracciones en el orden en que tú quieras.

Bien, el efecto parque de atracciones nos dice eso mismo: una sesión de formación tiene (repito, tiene) que ser entretenida y, a ser posible, divertida. Ya, ya sé que lo que tú enseñas es importantísimo y muy serio y todo eso, pero no cuela. Si no sabes entretener, aprende. Y si no tienes sentido del humor, cultívate, que estamos en esta vida para eso.

La otra cuestión es más difícil de comprender. Verás, tú siempre has pensado que los participantes de tus cursos van aprendiendo conforme tú les vas enseñando. Es más, estoy casi convencido de que tus secuencias de aprendizaje replican uno de estos dos formatos: o bien el esquema de la persona de quien aprendiste o bien el tuyo propio. Es decir, o el recorrido que hizo esa persona para aprender lo que sea, o el que tú mismo has elaborado para comprenderlo.

El asunto es que ese recorrido no coincidirá, con toda probabilidad, con la secuencia que seguirán tus participantes para aprender lo mismo. Excepción hecha, claro está, de aprendizajes muy instrumentales. Por eso, para empezar, sobran (otra vez) las introducciones, los preámbulos, los introitos, los prefacios, los exordios, los proemios, las oberturas, los preludios y, en general, todos los preliminares, nos lleven de vuelta a Aristóteles o no.

Y, para continuar, como cada participante en un proceso de formación tiene su manera de aprender (al igual que cada invitado a una boda tiene su manera de percibirla e integrarse en ella), una situación de aprendizaje debería incorporar una gran diversidad de modos en que se presenta aquello que se debe aprender. Es decir, de atracciones. Es decir, de actividades. Y cada uno subirá en esas atracciones cuando esté preparado (o cuando le apetezca) y conectará los puntos cuando le toque.

¿Que qué quiere decir esto? Pues sobre todo diversidad de métodos y respeto. Al ritmo de cada uno, a la situación de cada uno y a lo que cada uno trae de casa.

Y, por cierto, este es otro de los campos que resultan apasionantes para el diseño de experiencias.

El efecto taza de café

Te habrás dado cuenta de que a nadie le gusta el café: los que no le echan leche le ponen azúcar, otros le añaden ambas cosas, hay quien lo toma con hielo, otras personas con sacarina, y luego está el capítulo infinito de las bebidas vegetales. Conclusión: nadie (o casi nadie) se bebe el café solo de verdad, porque a nadie le gusta.

Lo que ocurre en el mundo de la formación es exactamente igual: unos aprenden solos, otros en grupo, hay quien aprende anotando y otras personas dibujando, los hay que solo aprenden si se les da la oportunidad de explicarlo, mientras que otros son más introspectivos y todo se lo cuecen de puertas adentro. Esto se llaman estilos de aprendizaje.

Pues bien: cuantos más estilos de aprendizaje tengas en el aula (con que tengas dos personas es casi seguro que tienes dos distintos), más diversidad de métodos deberías tener. En otras palabras, no solo se trata de que las actividades sean variadas, como vimos en el parque de atracciones, sino que los métodos a los que se sujetan tienen que ser diversos también.

Si tienes duda sobre la diferencia entre método y actividad, te cuento: un método, por ejemplo, es el audiovisual. Y otro, pongamos, es el trabajo de grupo. Hay personas que se sienten cómodas con el método audiovisual, y otras que se sienten más cómodas con el trabajo en grupo.

Ahora vamos a las actividades: una actividad dentro del método audiovisual es el *videoforum* y una actividad dentro del método de trabajo de grupo es el *brainstorming*. Si tú haces muchos *videoforums*, estás haciendo muchas actividades (atracciones), pero todas ellas están dentro del mismo método (audiovisual). Igualmente, si haces muchos *brainstormings*, estás también proponiendo muchas atracciones, pero todas dentro del mismo método. Es decir, tu parque de atracciones solo tiene norias.

Para que tus sesiones de formación sean buenas, no solo tienes que ofrecer muchas actividades distintas, también deberías basarte en muchos métodos diferentes[72].

Ya, ya sé que esto es para nota, pero ya que hablamos, hablemos de todo.

---

72   Alcoba, 2012.

Relaxing cup of learning.

Chimpún

Las sesiones de formación deben tener un final. Y tiene que ser un final grandioso. Kahneman ya nos sugirió que las últimas impresiones de una experiencia son las que determinan cómo la recordaremos[73]. Lo hizo en un estudio que a casi todo el mundo le llama la atención porque utilizaron colonoscopias. Como suena. Pero, afortunadamente, aunque no hayas pasado nunca por uno de estos trances no hace falta que lo hagas para comprender este fenómeno en profundidad (nunca mejor dicho).

Yo suelo decir que lo último que ocurre en una experiencia es lo que la etiqueta. Es decir: el postre manda.

Vale: ¿y cuál es el postre de tus talleres, o lo que quiera que sea que hagas? La típica diapositiva de «¿preguntas?». O, peor aún, ¿la de «gracias»? O, peor peor aún, la de «gracias» acompañada de un muñequito?

---

73 Redelmeier et al., 2003.

No hagas eso, por favor. No lo hagas nunca.

Si al final de una clase te igualas a todos los demás, todo tu esfuerzo se irá volando por el aire, como las semillas de un diente de león. Este, por cierto, es un principio que funciona en las clases, en la oficina y en la vida.

Los participantes, tus alumnos, los asistentes a tu sesión, se tienen que ir de subidón. Elevados. Con una sensación reconfortante o divertida, vibrante o relajada, lo que sea, pero con una emoción saliente, significada. Al igual que debe haber humor, debe haber un gran final, como en el cine.

Creo que ya no tengo que explicarte que este es otro momento maravilloso para el diseño de experiencias, porque estoy seguro de que ya lo sabes.

Así que chimpún.

El postre manda.

SOBRE ESTE LIBRO

En marzo de 2009 viajé a Helsinki a participar en la *Service Science Summit*, organizada por la Universidad de Aalto junto con IBM. Recuerdo que éramos alrededor de cuatrocientos participantes, lo cual me parece mucho si tenemos en cuenta que estábamos asistiendo al nacimiento de una nueva tendencia: la ciencia de los servicios.

En el corazón de su propuesta había algo que me atraía mucho. Un planteamiento aceptado por aquella época –y que en buena medida sigo defendiendo– era que los servicios eran ineficientes porque no se habían estudiado desde el punto de vista científico. Los que allí estábamos compartíamos con asombro y preocupación hechos como que una tercera parte de los vehículos que circulan en cualquier gran ciudad estén buscando aparcamiento. El aparcamiento en particular, y la circulación de coches en general, es ineficiente. Y lo es, pensábamos, porque no se había estudiado de manera científica.

Aquellas ideas me cautivaron. Y conforme fui profundizando en ellas fui poco a poco encontrando un territorio en el que me sentía cómodo. Se decía por aquel entonces que la ciencia de los servicios era la intersección de los negocios, la tecnología y las personas. Y a mí me interesaba mucho esta última parte. En concreto, cómo el ser humano percibía y registraba la interacción con los servicios.

En 2011 publiqué un artículo de investigación cuyo título traducido es «La paradoja de la industrialización de los servicios»[74]. En él pretendía argumentar algo que es bastante sencillo de explicar: las empresas ganan dinero a base de industrializar. Es decir, uno no gana mucho dinero si fabrica una botella de agua de manera artesanal. Pero si se crea una fábrica capaz de generar diez, cien, mil, cien mil botellas de agua, entonces sí ganará mucho dinero.

El problema de hacer eso es que, con toda probabilidad, diez, cien, mil, cien mil personas querrán una botella de agua diferente: que contenga más o menos agua, que tenga la boca más o menos ancha, que se pueda reciclar o bien reutilizar, con más o menos sodio, y así sucesivamente. En suma, una que resuelva sus deseos o necesidades. Y si esto se ve claro en un ejemplo tan sencillo, pensemos en cuando el consumidor busca un vestido o un automóvil. La conclusión de todo esto es que lo que quieren las empresas y lo que quieren los clientes es justo lo contrario. Y de ahí la paradoja.

Más de diez años después he llegado a la conclusión de que lo que decía en aquel artículo no es, en sí, demasiado relevante. Sin embargo, lo que sí resultó significativo para mí es que, al hacer aquella contribución, contraje un virus altamente contagioso: el de la fascinación por la creación de valor.

Y dicho esto, hago el paréntesis de que para mí, coincidiendo con Paul P. Maglio, a quien tuve el privilegio de escuchar en un congreso en Roma, el valor solo se crea entre personas, no entre personas y máquinas. Y, desde luego, no entre máquinas entre sí. Por eso, en el concepto de creación de valor va implícita la consideración de las personas como elemento clave. Eso sí, un elemento prodigioso y sofisticado, aunque a veces dañino y caprichoso. Un elemento, por cierto, que yo

---

74 Alcoba, 2011.

llevo estudiando de cerca desde que estudié Psicología y que, a día de hoy, no deja de sorprenderme.

A partir de la publicación de aquel primer artículo de investigación formé parte de la comunidad internacional de ciencia de los servicios durante varios años. Sin embargo, conforme las publicaciones científicas se sucedían me di cuenta de que aquella tríada que a mí me parecía equilibrada (negocios, tecnología, personas) se estaba distorsionando y cada vez se oía más hablar de tecnología en detrimento de los otros dos polos.

Yo soy lo que podríamos llamar un *heavy user* de la tecnología. Lo he sido siempre. Quiero decir, nadie que me conozca bien me podría acusar de ser un escéptico. Pero cuando el discurso se simplifica tanto que solo se habla de circuitos y datos, o, peor, cuando se empieza a comparar a las máquinas con los seres humanos, me entra una pereza terrible. Por tanto, en aquellos congresos a los que iba acudiendo año tras año, cada vez me aburría más.

Afortunadamente para mí, no tardando mucho surgiría una nueva tendencia que haría que recuperara la ilusión. Se llamaba experiencia de cliente y resultó ser mucho más cálida y prometedora que la ciencia de los servicios. El virus de la fascinación por la creación de valor se hizo mucho más fuerte en el caldo de cultivo de la experiencia de cliente y desde entonces no me he podido curar. Es más, ahora ya no quiero curarme. Han pasado muchos años y sigo enamorado de esta disciplina, en particular del diseño de experiencias. Sean estas dirigidas a clientes, empleados, comensales, pacientes, huéspedes, ciudadanos o cualquier otro tipo de interacción en la que participe un ser humano.

Durante estos años he impartido muchas conferencias sobre este tema y he dirigido muchos talleres. Muchos. He tenido delante a profesionales de muy diversos tipos en sectores muy distintos, como he explicado más arriba. Cuando hablas de diseño de experiencias a un banquero y a un chef te das cuenta de algo maravilloso: ambos sonríen. Y ambos sienten el deseo, casi la necesidad, de introducir cambios en su quehacer para crear experiencias memorables en sus clientes. En este libro he intentado explicar lo que yo he aprendido sobre ello.

Quiero dar las gracias, en primer lugar, a todas las alumnas y alumnos que me han desafiado con sus preguntas ayudándome a dar forma a mis ideas.

También al equipo de la escuela de posgrado La Salle, donde creamos el primer máster puro en experiencia de cliente, que fue el ecosistema ideal para el desarrollo de esta manera de concebir las experiencias. Y desde luego al *Basque Culinary Center*, donde año tras año nos hemos asombrado de que en un tiempo tan breve se puedan crear experiencias fascinantes.

Muchas de estas personas, en particular los asistentes a mis talleres y conferencias, me han preguntado durante años si tenía recogidas en algún sitio las ideas en torno a las cuales habíamos trabajado. Mi respuesta siempre ha sido que no.

Hasta hoy.

Benicàssim, en algún momento de 2023

Antonia Iftene debuta en las artes gráficas de niña, dibujando ponis y seres fantásticos hasta convertirse en una ilustradora versátil que no se despega de su iPad ni para ir a una boda.

Con gran sensibilidad para lo emocional, ha comenzado a construir un legado creativo en el ámbito del diseño y la ilustración digital mientras se especializa en narrativa transmedia.

Si quieres organizar un
taller o conferencia sobre
diseño de experiencias memorables
en tu empresa u organización
escríbeme ahora a hola@jesusalcoba.com

REFERENCIAS

- Adrián Escudero, J. (2007). *Hacia una fenomenología de los afectos: Martin Heidegger y Max Scheler.* https://idus.us.es/handle/11441/46834

- Alcoba, J. (2011). *The Paradox of Service Industrialization.* En M. Snene, J. Ralyté, & J.-H. Morin (Eds.), *Exploring Services Science* (pp. 127-135). Springer Berlin Heidelberg. https://doi.org/10.1007/978-3-642-21547-6_10

- Alcoba, J. (2012). La clasificación de los métodos de enseñanza en Educación Superior. *Contextos Educativos,* 15, 96-105.

- Alcoba, J. (2013). *Conquista tu sueño.* Edaf.

- Alcoba, J. (2019). *Génesis. Por fin un libro sobre cómo tener ideas originales.* Alienta.

- Alcoba, J., & Mora, L. (Eds.). (2022). *Cómo construir la Experiencia de Empleado.* Lid Editorial. https://dialnet.unirioja.es/servlet/articulo?codigo=8555459

- Alcoba, J., Mostajo, S., Paras, R., Ebron, R. A., & Balderas-Cejudo, A. (2020). *On Finding the Voice of the Customer in the Digital Traces of the Michelin-Star Gastronomy Experience: Unveiling Insights for Service Design.* En H. Nóvoa, M. Drăgoicea, & N. Kühl (Eds.), *Exploring Service Science* (pp. 21-34). Springer International Publishing. https://doi.org/10.1007/978-3-030-38724-2_2

- Ambady, N., & Rosenthal, R. (1993). *Half a minute: Predicting teacher evaluations from thin slices of nonverbal behavior and physical attractiveness.* Journal of Personality and Social Psychology, 64(3), 431-441. https://doi.org/10.1037/0022-3514.64.3.431

- Ardolino, E. (Director). (1987). *Dirty Dancing*. Vestron Pictures/Netflix.

- Ayers, J. W., Poliak, A., Dredze, M., Leas, E. C., Zhu, Z., Kelley, J. B., Faix, D. J., Goodman, A. M., Longhurst, C. A., Hogarth, M., & Smith, D. M. (2023). *Comparing Physician and Artificial Intelligence Chatbot Responses to Patient Questions Posted to a Public Social Media Forum*. JAMA Internal Medicine, 183(6), 589-596. https://doi.org/10.1001/jamainternmed.2023.1838

- Baird, B., Smallwood, J., Mrazek, M. D., Kam, J. W. Y., Franklin, M. S., & Schooler, J. W. (2012). Inspired by Distraction Mind Wandering Facilitates Creative Incubation. *Psychological Science*, 23(10), 1117-1122. https://doi.org/10.1177/0956797612446024

- Bariso, J. (2017). 20 Years Ago, Steve Jobs Demonstrated the Perfect Way to Respond to an Insult. Inc.Com. https://www.inc.com/justin-bariso/20-years-ago-steve-jobs-demonstrated-the-perfect-w.html

- Becker, J. (2015, mayo 12). *21 Surprising Statistics That Reveal How Much Stuff We Actually Own*. https://www.becomingminimalist.com/clutter-stats/

- Bravo, I. (2022). El libro de copywriting de Isra Bravo: *Cómo vender cualquier cosa escribiendo (incluido a ti) gracias a un enano, un borracho y un bastardo. Después será tarde*.

- Campbell, J. (2018). *El héroe de las mil caras: Psicoanálisis del mito*. Fondo de Cultura Económica.

- Charreau, M., & Johnson, J. L. (2019). *Piensa y comunica tus ideas con The Storyboard Method*.

- Davis, S. (2014, diciembre 9). *Is Big Data Like Teenage Sex?* Hewlett Foundation. https://hewlett.org/is-big-data-like-teenage-sex/

- Dewey, J. (1997). *Mi credo pedagógico*. Universidad de León. https://dialnet.unirioja.es/servlet/libro?codigo=601731

- Diller, S., Shedroff, N., & Rhea, D. (2008). *Making Meaning: How Successful Businesses Deliver Meaningful Customer Experiences*. New Riders.

- Dorst, K. (2017). *Innovación y metodología. Nuevas formas de pensar y diseñar. Experimenta.*

- Dufour, D. (s. f.). *50 phrases that kill creativity*. Dave Dufour. Recuperado 16 de agosto de 2023, de https://www.davedufour.com/50-phrases

- Elton, L. (2000). *Turning academics into teachers: A discourse on love*. Teaching in higher education, 5(2), 257-260.

- Fabricant, S. M., & Gould, S. J. (1993). *Women's makeup careers: An interpretive study of color cosmetic use and «Face Value»*. Psychology & Marketing, 10(6), 531-548. https://doi.org/10.1002/mar.4220100606

- Ford, H., & Crowther, S. (1922). *My life and work. Doubleday*, Page & company.

- Frankl, V. E. (1991). *El hombre en busca de sentido*. Herder.

- Friedman, T. L. (2018). *Gracias por llegar tarde. Cómo la tecnología, la globalización y el cambio climático van a transformar el mundo en los próximos años*. Deusto.

- García, A., Pérez, P., & Romero, F. (2022). *YOsumidor. Gobernarse a sí mismo, gobernar a las marcas*. Planeta. https://www.planetadelibros.com/libro-yosumidor/346284

- Garrido Maturano, A. E. (2015). *Sobre la esencia del sentimiento*. Un diálogo hermenéutico-crítico con M. Scheler y M. Henry. https://doi.org/10.5209/rev_ASEM.2015.v48.49276

- Hamburg, J. (Director). (2004). *Y entonces llegó ella*. Universal Studios.

- Han, B.-C. (2015). *El aroma del tiempo: Un ensayo filosófico sobre el arte de demorarse*. Herder. https://doi.org/10.2307/j.ctvt9k3fk

- Han, B.-C. (2017). *La expulsión de lo distinto: Percepción y comunicación en la sociedad actual.* Herder. https://dialnet.unirioja.es/servlet/libro?codigo=758819

- Han, B.-C. (2023). *Vida contemplativa.* Taurus. https://www.lacentral.com/han-byung-chul/vida-contemplativa/9788430625628

- Harris-Eventbrite. (2014). *Millennials: Fueling the Experience Economy.* https://eventbrite-s3.s3.amazonaws.com/marketing/Millennials_Research/Gen_PR_Final.pdf

- Jiménez-Zarco, A. I., Mendez-Aparicio, M. D., & Izquierdo-Yusta, A. (2023). *Can the vital cycle explain the circular consumer journey?* A historical analysis of the relationship of Spanish Generation X with emblematic brands. Journal of Historical Research in Marketing, ahead-of-print(ahead-of-print). https://doi.org/10.1108/JHRM-07-2023-0035

- Jiwa, B. (2013). *The Fortune Cookie Principle: The 20 keys to a great brand story and why your business needs one.* CreateSpace.

- Kahneman, D. (2015). *Pensar rápido, pensar despacio.* Debate.

- Kharbach, M. (2014, noviembre 1). The Science of Storytelling Visually Explained-Educators Technology. https://www.educatorstechnology.com/2014/11/the-science-of-storytelling-visually.html

- Laughlin, P. (2014). *Holistic customer insight as an engine of growth.* Journal of Direct, Data and Digital Marketing Practice, 16(2), 75-79. https://doi.org/10.1057/dddmp.2014.59

- Lee, N.-I. (2020). *Feeling as the origin of value in Scheler and Mencius.* Continental Philosophy Review, 53(2), 141-155. https://doi.org/10.1007/s11007-020-09496-8

- Magids, S., Zorfas, A., & Leemon, D. (2015, noviembre 1). *The New Science of Customer Emotions*. Harvard Business Review. https://hbr.org/2015/11/the-new-science-of-customer-emotions

- Malinen, A. (2000). *Towards the essence of adult experiential learning*. Sophi.

- McAdams, D. P. (2001). *The psychology of life stories*. Review of General Psychology, 5(2), 100-122.

- McKain, S. (2014). *7 Tenets Of Taxi Terry*. McGraw Hill. https://www.bol.com/nl/nl/f/7-tenets-of-taxi-terry/9200000020376768/

- Newbery, P., & Farnham, K. (2013). *Experience design: A framework for integrating brand, experience, and value*. John Wiley & Sons, Inc.

- Pine, B. J., & Gilmore, J. H. (2011). *The experience economy*. Harvard Business School Publishing.

- Prahalad, C. K., & Ramaswamy, V. (2004). *Co-creation experiences: The next practice in value creation*. Journal of Interactive Marketing, 18(3), 5-14.

- Redelmeier, D. A., Katz, J., & Kahneman, D. (2003). *Memories of colonoscopy: A randomized trial*. Pain, 104(1), 187-194. https://doi.org/10.1016/S0304-3959(03)00003-4

- Reiner, R. (Director). (1989). *When Harry Met Sally...* Columbia Pictures.

- Rossman, J. R., & Duerden, D. D. (2019). *Designing Experiences*. Columbia University Press.

- Sacks, O. (2018). *El hombre que confundió a su mujer con un sombrero*. Anagrama. http://www.marcialpons.es/libros/el-hombre-que-confundio-a-su-mujer-con-un-sombrero/9788433973382/

- Silvia, P. J. (2006). *Exploring the Psychology of Interest.* Oxford University Press.

- Skinner, B. F. (1984). *La necesidad de las máquinas de enseñar.* En J. S. Bruner, B. F. Skinner, & R. L. Thorndike (Eds.), Aprendizaje escolar y evaluación. Paidós.

- Solis, B. (2015). *X: The experience when business meets design.* Wiley.

- Svabo, C., & Shanks, M. (2015). *Experience as Excursion: A Note Towards a Metaphysics of Design Thinking.* En P. Benz (Ed.), Experience design: Concepts and case studies. Bloomsbury Academic.

- Swinscoe, A. (2016). *How to Wow: 68 Effortless Ways to Make Every Customer Experience Amazing* (Pearson Education). https://www.perlego.com/book/398156/how-to-wow-pdf

- Sydow, J., & Schreyögg, G. (2015). *Path Dependence and Creation Processes in the Emergence of Markets, Technologies and Institutions Convenors: Michel Callon, Raghu Garud and Peter Karnøe Organizational Paths: Path Dependency and Beyond.* International Encyclopedia of the Social & Behavioral Sciences. https://doi.org/10.1016/B978-0-08-097086-8.73103-5

- The Boston Consulting Group. (2014). *Invertir en Experiencia de Cliente para crecer.*

- Touboul, J. (2014). *The hipster effect: When anticonformists all look the same.* arXiv:1410.8001 [cond-mat, physics:physics]. http://arxiv.org/abs/1410.8001

- Vlaskovits, P. (2011, agosto 29). *Henry Ford, Innovation, and That «Faster Horse» Quote.* Harvard Business Review. https://hbr.org/2011/08/henry-ford-never-said-the-fast

- Willis, J., & Todorov, A. (2006). *First impressions: Making up your mind after a 100-ms exposure to a face.* Psychological Science, 17(7), 592-598. https://doi.org/10.1111/j.1467-9280.2006.01750.x

KOLIMA
BOOKS